みんな言葉を持っていた

――障害の重い人たちの心の世界――

柴田保之著

はじめに

この本は、これまで障害が重いために、言葉の獲得以前の発達段階にあると考えられたり、簡単な言葉しか発したり理解することができないと考えられてきたた方々が、実際には豊かな言葉の世界を有しているという事実を、広く世の中に訴えるために書いたものです。

それは決して例外的な出来事ではありません。私の経験に照らす限り、そうした方々のほとんどすべてに当てはまる事実です。彼らに真摯に付き合ってきた人ほど、その事実は受け入れ難いことでしょう。しかし、この真実をなかったことにするわけにはいかないのです。

おそらく、私たちは、私たちの障害に関する常識を、根本から問い直されていると言っても過言ではないでしょう。そして、もし、この事実を広く世の中が受け入れるようになったら、障害児・者に対する医療も福祉も教育も、その姿を一変せざるをえないでしょう。

第一章では、そうした方々が綴った詩を紹介しました。常識に反して言葉があるというだけでなく、このような深い言葉の世界が広がっていたということは、二重の驚きを私たちに与えるものです。沈黙を強いられた世界の中で、じっと研ぎ澄まされてきた言葉の世界がそこにはあります。

第二章では、そのような秘められた言葉の世界がどのようにして私たちの前に姿を現したのか、その言葉が表現される手段とはいかなるものなのか、そこにはいかなる問題が存在するのかをまとめました。よく分かっていないことも少なくはありませんが、今の段階で考えられることを述べさせていただきました。

第三章は、私たちが言葉の世界の存在に目を開かされていった歩みを、長期的に関わってきた四人の実践事例を通して紹介したものです。私たちの関わり合いの発展の過程は、私たちとその方々との共同作業の歴史そのものだと言えます。

第四章では、私たちが用いている方法をより具体的に紹介させていただきました。もし、身近に私たちの方法を試みてみたい方がいらっしゃったら、すぐにでも取り組めるようにと考えて整理したものですが、より具体的に記述することによって、この方法に対する理解が深まることも願っています。

当たり前に言葉を理解していることが受け入れられて、初めて人間として認められたと感じたということが、異口同音に語られます。人間としての尊重が、言葉を超えた世界で成立するというのは大切な考え方ですが、言葉があるのにそれがまるで存在しないかのように扱われてしまうことが、人間の尊厳を著しく傷つけることになるのは当然のことなのでしょう。私自身、長い間そのことに気付けなかったのですから、自らの罪深さを痛感せずにはいられません。

文中の表記について、本人の言葉の大半は、ひらがなのみで綴られたものであり、ほとんど句読点もありません。そのため、資料的な意味で原文に忠実に掲載した方がよい場合にはそのままの文章を、読みやすさを優先させた方がよい場合には、漢字や句読点を補いました。

〈新版への追記〉

このたび、改めて新版を印刷していただくことになりました。字句の修正は最小限にとどめてあります。

意思の表出に、困難を抱える人々の豊かな言葉の世界に心を注いでいただければ幸いです。

目次

第一章　秘かに紡がれた詩

1　中村舞さんの詩

光の詩（歌詞）

小さく光る星一つ
見たこともない光を放ち
夢を私に届けて沈む
盗人さえも願うほど
星の願いはよく叶《かな》う
願いを込めて夜空に祈る

（無題）（歌詞）

小さい舟が小さく願う
涙は雪に消えてゆく
昨日の誰かの病気のような
地味な自慢の舟が行く

脛《すね》の詩

素晴らしい私の脛よ
すらりと伸びた私の脛よ

私は歩くことができないから　凡庸な理想しかできないけれど
みんなとは違って本当の脛の意味を知っている
小さい頃から本当に脛は私を支えてくれた
理想のろうそくを灯しながら私は脛を大切に生きてきた
体の中では誰も注目することもなく忘れられた存在だけど
奈落の底に墜ちないように
いつも私を出られない罠から救い出してくれた
私を理想に向けていつも立ち直らせてくれた
別によいみんなと違っているわけではないけれど
よい未来に向けて私を奮い立たせてほしい
また夜の寂しさが私を襲うとき　冒険の夢を聞かせてほしい
ろうそくの明かりを私は望み
ろうそくの明かりを　私は昔の私の私らしさに探す
理想の全体を頼むのではなく　理想の一部としたので
かえって私を空いっぱいに旅立たせることができる
人間としてこの世界に生まれ　人間として生きてきたけれど
それを知っていたのは脛のみだった
僕の夢　私の夢は　脛の夢
人間として本当の願いを叶えるために
分かってほしい　脛の気持ちを

脛こそ最高の理解者だ

2　川路健正さんの詩

（無題）（歌詞）

小さな水の精になり
小さな水の神に会い
小さな光を輝かせ
夢の秘密を解きましょう
人間だから意志がある
人間だから気持ちがある
人間だから願いがある
不思議な夢の秘密を語り
不思議な夢を叶えよう

（無題）

小さな小さな緑の風が　小さく小さく願いを叶え
小さな小さな鈴の音が　不思議な音色を奏でて消えた
自分の夢を叶えるために　自分と風とシーハイル

緑の風に抱えられ　自分は木々の間を飛翔する
小さないい自分にいい風を受けて　緑のいい風に小さな夢を語らせる
匂《にお》いのいい風が緑になって　春の海岸を駆け抜けて
どこまでもどこまでも　自分が緑の風となり　素晴らしい世界を駆けめぐる
風に乗って小さな自分は　気球の小さな希望を探し
緑のいい風を受けて　小さな願いを小さく叶える

3　吉田創輔《そうすけ》さんの詩

（無題）

願いはいつも奈落の底の描かれもしない暗闇から
ろうそくの明かりが灯《とも》るように光り始める
奈落の底の暗闇は　心の底の暗闇だ
奈落の底の暗闇を　見た者にしか分からない
だけど必ず明かりは灯る
理解されない苦しみは　ろうそくの消えた暗闇だ
勇気を出してろうそくに明かりを灯して歩いていこう
誰も知らない奈落の底に　明かりを灯して生きていこう
誰も知らない奈落の底に　よい明かりを灯していこう

奈落の底ならどうしても　どこに墜ちることもない
奈落の底の願いこそ　望みの中の望みだから
奈落の底の願いこそ　人間の中の最高の願いなのだ

4　志賀毅彦さんの詩

（無題）

夢見てきた　話ができるようになることを
光が射してきた　僕の人生に
人間として生きてきて　夢を抱き
人間として生きてきて　希望を持ち続け
普通に生きてきたのに　自分の気持ちを言えず
みんなのことをうらやみながら生きてきた
一人で小さい願いを持って　一人でもがきながら
希望を持ちながら　生きてきた
普通の学校にも行きたかった
身に迫る気持ちは禁じられ　身に迫る試練は飛び越せず
一人でずっと耐えてきた
いい未来の声が聞こえ　いい未来の光が射し

目の前に明るい人間としての人生が開けてきた
小さい頃から気持ちが言えず
小さい時からつまらなかったけれど
明るい未来が開けてきた
見たこともない未来が開けてきた
いい人間になりたいと思いながら　いい人間になれず
自分の気持ちを言えずに　僕は生きてきたけれど
小さい希望が湧いてきた
人間として　一人で夢をずっと大事に生きてきた
人間として　いい力を出して　いい人生を生きていきたい

5　名古屋和泉さんの詩

鳥の声に誘われて

鳥の声に私は理想の声を聞く
鳥の声は遠い昔の思い出をやさしく運び
私を懐かしい夢へといざなう
懐かしい思い出はいつも母さんと紡いできたもの
よい仲間たちの笑い声がいつも聞こえる

ばらばらになった友だちはみんな元気でいるだろうか
みんなどこかできっと同じ鳥の声に同じ理想の声を聞き
懐かしい思い出を抱きしめながら
明日の理想を夢見ていることだろう
ばらばらになっても私たちの心はともに一つの誓いを持って
同じ明日に向かって光を感じながら生きているだろう
なぜ光は私たちを照らしてくれるのか
そのわけは分からないけれど
まだ見ぬ希望がある限り
私は鳥の声に導かれながら旅を続ける

6　伊藤柚月さんの詩

（無題）

人間自由に自分の気持ちを言いながら
気持ちを自由に聞いてもらいながら
涙を一粒流しながら
唯一の道を歩いて行きたい
また会う日の喜びのため

不治の病を乗り越えて
美人になることを夢見ながら
小さい帽子に花を挿して
未来を遠くに見つめながら
長い理解への道のりを歩き続けていきたい
見たこともない雪のような勇気を　羽いっぱいに乗せて
また会う日の喜びを大切に
未来に向かって歩いて行こう
未来もいい光が射すことだろう
未来もきっと道は続いているだろう
自分の未来の幸福のために

（無題）（歌詞）

太陽が昇る　みんなの上に
太陽が照らす　みんなの笑顔
太陽が沈む　私は眠る
太陽が未来　理想と共に昇ったら
未来はきっと輝くだろう

7　藤村元気さんの詩

（無題）

白い息　いい息を　いい風に吐き　いい北風に言う
「希望に満ちた北風さん　あなたの息で希望をください」
希望に満ちた北風は　北の国と　北の静かな雪たちを　希望にすべて彩って
いい希望の風たちを　いい人間たちに届ける
「いい息、いい白い息、いい北風、ぼくに希望をください」
小さい頃から　いい息を吐きながら　ぼくは希望を信じてきた
いい希望の光は　希望とともにぼくの心に訪れる
希望の北風と白い雪は　いい北の国からやって来て　希望と希望とをつなぐ
北の国から吹く風に　希望の北の国の希望を聞いている
いい息を吐き　みんなに希望を与える
北風に白い雪を乗せて　いい息を吐き　いい北風に　小さなぼくは願いを聞く

小さな希望（歌詞）

白い雪を　みんなで見ていました
見たこともない小さな雪の精がやって来て
ひとりぼっちのぼくに話し掛けました

昨日の涙は願いに変えて
未来に向かって生きていこう
願いは夢を運び　未来を開く　勇気とともに
未来は小さな自分の手の中で
大きな希望にふくらんだ

8　板橋望美さんの詩

（無題）

人間として生まれてきて
きちんとした人生を　希望を持って生きていきたい
人間として生きてきて
人間として希望を持ち　希望を銀色の願いに変えて　いい人生を生きていきたい
自信という小さい光を　希望によって灯して　希望の光を信じて生きていこう
人間として生きてきて
光を虹と一緒に希望に変えて　詩人のような気持ちで生きていこう
小さい小さい人間だけど
詩人のような静かな祈りを捧げながら　気持ちを静かに祈りに変えて生きていこう
詩人と小さな私

小さな詩人と小さな私
いつまでも一緒に生きていこう
人間として生きてきて　人間として生きていく　詩人のような気持ちで
今日も一日詩人として生きることができて　いい一日だった
今日も一日　希望を持って生きていけたことに感謝しよう

9　宮崎自生《みお》さんの詩

（無題）（歌詞）

春の風が吹いてきて　みんなの顔に夢が咲く
春の風が吹いてきて　わたしの顔に夢が咲く
夢の風が吹けば　夢の顔に春が来る
夢が開いたら　春の私の望みが開く

苦労をかけた母に

暗闇から見えてくる明るい光を　私は待っている
暗闇の光はまだ見えないけれど　私は信じている
少しだけ苦労してきたけれど　私の苦労は　まるで苦労とは言えないくらい小さいもの
苦労してきたのは　本当は　悲しいけれど私の母だ

そういう苦労を乗り越えて　私は今生きている
そういう苦労を　まるで苦労と思わず　生きてきた母に　私はいつも勇気をもらう
私の勇気をくれた母に　私も幸せを返したい
苦労をかけた母に言う
「ありがとう」
疲れてしまっても　望みを決して捨てなかった母は　手の中に私を抱えて歩んできた
望みを残して生きてきてくれて
望みを消さないで生きてきてくれて
いつも前を向いて私を導いてくれた母に　ありがとうと言います

10　唯野瞳さんの詩

願いの森（歌詞）

指を数えて私は祈る
未来の私の理想の姿
不思議な色の森を抜け
小さな小川を飛び越えて
見たことのない昔の本を私は開き
ろうそくの明かりをたよりに

ロマンを探す

（無題）

間の悪いときに空を見て
勇気を出して星を数え
夢をたくさん取り返そう
夜はまだまだ長いけど
森の向こうはそろそろ白み
私は理想の朝を待つ
緑の森を乗り越えて
夜の向こうを昔の空に忘れて
夢の香りをかぎながら
昔を瑠璃の輪っかに閉じ込め
私は軽く旅に出る

11　大野剛資さんの詩

さすらいの時

四季にたくす　自分のこと

ぬかに埋もれて
死を自覚しながら
季節に罪をくちずさみ
自然にきいて
気絶する寸前を生きていく
死に絶えぬよう
傷を負った人間として
足をすくわれそうになりながら
きちんと息を
汽笛として生きたい
苦の中で伝えたい
すぐには伝わらないかもしれないけれど
傷を負いながら伝えたい
詩人になる夢に憧れながら
危機をくぐり
危機を脱してさすらいたい

（詩集『きじの奏で』（日本文学館）より）

12　武居勝也さんの詩

（無題）

小さい願いが　願いとともに
僕の心に広がった
もっと自分を光らせたくて
僕は理想のよい舟を　未来に向けて漕ぎ出して
勇気とともに旅立とう
望みは一つ　世の中にもっと認めてもらうこと
人間としてもっと気持ちを伝えよう
小さな声かもしれないが
みんなと声を合わせれば
きっと大きな声になる
涙は拭いて旅立とう

13　しいちゃんの詩

（無題）

光とともに私は空に舞い上がる
願いは言葉で話すこと
未来の望みを叶えるために
私は空を目指しながら
空の向こうに飛び出して
みんなで夢を叶えよう
願いはいつも閉ざされて
私は涙にくれるけど
未来はきっと私の前に
まっすぐに開かれているはずだから

14　恩田康広さんの詩

（無題）

希望の北風が吹き
低空飛行をするツバメたちは南を目指し
行きたいところを探し飛行を続ける　苦難が待つ孤独な旅を
希望の北風が吹き
知らない人が過ぎていく

見たこともないすてきな希望の瞳をして　苦しみを乗り越え
勇気を持って　南を目指して
希望の北風が吹き
知らない雀が逃げていき
強い鳥になろうとして　苦しみの道を探し飛び立ってゆく
知らない北の国を目指して

15　中島裕美さん（二〇一四年二月逝去）の詩

（無題）

小さな緑の風が吹いてきて　雪を溶かし
りんどうの花が咲いた
緑の風は唯一の理想の風
小さい風だけど　不思議な力を持ち　夢を育む
ぬくもりを待つ人々に　勇気を与え
緑の風は雪を溶かす
びいどろのような時間が流れ
びいどろのような風が吹き
よき人を勇気づけ

咲き乱れる花々を楽にして
夢のような時間が流れていく
人間として生まれて生きてきて
花のように黙ったままで私は生きてきたけど
私がやっと言葉を持ち話し始めた
勇気を出して生きて未来を作りたいと思う
理想のような花が咲き
私は涙を忘れて未来を夢見る
日の当たる場所に理解されて出てくることができたことを
喜びとして生きていこう

16　甲斐田晃弘さんの詩

ぬいぐるみの望み

少年はいつも祈っていた
ひとりで海に出ることを
人間として生まれたけれど　ぬいぐるみとしての人生を強いられて
ひとり静かに　夜の闇を見つめながら生きてきた
私の夢を　そよ風が静かに聞いて通り過ぎ

私の瞳を　月が静かに照らし消えていく
みんないい願いだと言ってくれたけれど
私の夢は叶うことなく過ぎていった
理解する人もいないまま　時は静かに過ぎてゆき
小さな空の隙間から　喉笛の赤い鳥が降りてきた
見たことのない姿の鳥は　静かに私の喉に止まり
一声高く鳴いたかと思うと　すっと空に消えていった
悶々とした心が　すっと爽やかな思いに変わり
私は声を出してみた
するときれいな声が出て
体が放り出されたかのように軽くなり
私はぬいぐるみの心から人間の心に解き放たれ
練習もしたことがないのに舟を漕《こ》ぎ
悶々とした気持ちに別れを告げて
大きな海原に漕ぎ出していた

17　神原康弥《こうや》さんの詩

雨ふりの朝

ぼくが起きると母は長袖を持ってきた
「今日は雨で寒いの」
優しく笑った
ぼくは笑顔につられて笑った
みそ汁の匂いと玉子焼きの匂い
透明のグラスがカチカチ鳴った
優しい時間が今ある
当たり前の時間がある
それなのにぼくは早く早くとわがまま言って
母を慌てさせた
二人だけの朝

虹が出た日

ぼくはおばさんと車椅子に乗って出かけた
母でない人と出かけたのは初めてだ
ぼくが草や花が好きなことに気付いて声をかける
「君はみどりの好きな子ですか。私も大好き」おばさんの声は弾んでいた
「いいえ、ぼくは母さんの好きな草や花が好きなんです」心の中でつぶやいた
おばさんは知らないだろうな
花の中に母が笑い　草の中に母が泣いていることを

ゆっくりと頭を上げると　虹が出ていた

18　粉川彩花さんの詩

（無題）

小さい花が願いとともに開き
見たこともない匂いのいい花が私の心に咲き
雪のようでした
不思議な夜なのに小さい光る星が降り注ぎ
光が小さな私に射し
いい気持ちにしてくれました
小さい願いと　小さい夢と　よく光る星は
願いを希望に変えて輝き続けます
願いの向こうに見える明日の希望を担う星たちを
ずっと眺めながら
小さく笑いながら
会ったこともない自分に出会いたいと思います

（無題）（歌詞）

鳥になって空を飛び　私は夢を叶えたい
私の夢は理想の願い　みんなと夢を叶えること
別に私の私らしさを叶えることができさえすれば　他には何も必要ない
本当の幸せをつかめれば　私は何も望まない
未来をじっと心の中で祈り続けてさえいれば
私はきっと大空を飛ぶ鳥となり
未来の空を駆けめぐる

19　石田龍平さんの詩

森をつくろう

小さな昔のみんなの願い　何度も空にこだまして　遠くの森に消えていった
本当の森はどこにある　ぼくたちを育み　望み通りに育ててくれる
小さいころ森を抜け　別の世界に来てしまい　森に帰れずに困っている
そんなぼくにも森の声が　はるか彼方から聞こえてくる
理想に満ちた新しい森を　みんなでもっとつくってゆこう

20　内山豊さん（二〇一三年一月逝去）の詩

　　あなたしか知らない（仲間の彫塑作品に寄せて）
小さなみんなの心の声と聞こえない叫びが僕には聞こえる
小さな心の声と叫びは　びいどろ細工の物語
自分にしか分からない物語が初めて形になったもの
いい時間がそこにはじっと止まっている
時間が流れても永遠に止まった喜びの時間がそこにはある
犠牲になった仲間の声もそこには聞こえ　人間としての勇気に満ちた歌が聞こえる
じっと耳を澄ませていると歌の向こうに
あなたしか知らない不思議な優しい忘れられたものの　悲しみを越えた希望の声が聞こえる
敏感にそっと願いを望みに変えて
夏の若い心と　秋の優しい心と　冬の厳しい心と　私たちの楽園みたいな春の心が詰まったこの作品は
いちいち何も語らないけれど　みんなに勇気をくれた
小さい願いがずっと心の中でこの日を待っていた
僕たちにも言葉があることを　まだ世界は気付いていないが夢見ていよう
いつかそのことに世界がのけぞる日が来ることを

聞いていた光を心に掲げて
ここからまた歩き出そう

21　木村友哉さんの詩

（無題）

気持ちのとてもきれいな人に私はなりたい
私はいつも世の中の本当の夢を追いかけて
緑の願いとかとんでもない夢を追いかけている
それをなかなか言えなくて　未来をやっと見つけたばかり
なぜ理解されないか
それは仕方のないことだ
なぜならぼくはなかなか体が言うことを聞いてくれず　勝手なことをして
いつも僕とは違う僕を体が演じてしまうから
じっと一人真っ暗闇の中を生きてきた
やっと小さな明かりが見えてきて未来が少し開けてきた
未来はまだまだ遠いけど
ぼくは小さい明かりを頼りに生きていく

22　原大介さんの詩

（無題）

きれいなきれいな歌が聞こえ　昨日の悩みは消えていく
小さい小さい花が咲いて　静かに夢がふくらんだ
自分だけしか知らない　不思議な不思議な小さい楽園
自分だけしか聞いたことのない　不思議な不思議な声
身の上に降りかかった災いは
小さい頃から自分一人で耐えてきた
夢にまで見た　野原にきれいな花が咲くことを
自分だけの小さい花を　小さい日の記憶とともに咲かせよう

23　石渡勇太さんの詩

（無題）

苦しみの暗闇を越えて
私は光の中へ飛び出して
苦しみを越えていきましょう

美しい分からない苦しみをみんな忘れて
美しい分からない暗闇をみんな越えて
美しい夢を分からない未来に少しずつ
ゆんゆんと歌を歌いながら
運命を忘れていきましょう

24　植村真さんの詩

（無題）

願いを叶えるリンゴの木
不思議な不思議なリンゴの木
見たこともない素敵なリンゴの木
どこかの国から魔法によって　僕の願いを叶えるためにやって来た
小さい願いを小さく叶え
不思議な不思議な強さをくれた
リンゴは盗まれてしまって自分の夢も消えてしまったが
リンゴのくれた勇気を僕は忘れない

25　三坂俊平さんの詩

（無題）

犠牲になった友だちもみんなそろって
もう一度私たちと一緒に
喜びの勝ちどきを上げよう
涙を流した日もあるけれど
私たちをもう一度
私たちの本当の姿として
未来に向けて押し出そう
悩みは難なく乗り越えて
私たちのもともとの力強さで
忘れられない屈辱を
この手で握りつぶしていこう
勇気さえあれば
私たちは私たちらしく生きてゆくことができるから
人生は一度限りの物語
願いどおりに生きてゆく

26　江本蒔衣《まい》さん（二〇一一年七月逝去）の詩

（無題）（歌詞）

一人の私　一人のあなた
一人で何を　夢見てる
夕べの鈴と　未来の鐘と
夕べの匂い　未来の香り
一人の私　一人のあなた
一人で何を　夢見てる

（無題）

白い願いの理想の花よ
自分はいつも私らしさを大切に
毎日煉獄の中を生きている
願いの花よ　聞いておくれ
自由とは
時間を止めることではなく
時間を支配するものだ
時間はいつも私たちを縛りつけ

望みを叶えない支配者だけど
私たちは時間を必ず支配して
本当の自由を手に入れて
昨日の悲しさと決別する
犠牲になった仲間たちの遺恨は
このこよなく美しい世界に満ちている
いい時を知りえた私はその遺恨に
そろそろ安らぎを与えてあげて
忘れられた誇りを取り戻したい

27　鈴木奈都子さんの詩（俳句）

願いつつ　私も南の風になる
白い傘　日射しを受けて　願う空
ずるい子の留守番　寂し　夏の夜
野に立ちて　モザイクみたいな虫になる
希望の実　野原に成って　無垢のまま
死の前の老人のように路地暮れる
ほんほんと野の花を摘む　願い込め

吹雪過ぎ　夜風を受けて針光る
光射す　野の分かれ目のその向こう
人間と呼ばれぬ私　百舌を待つ
瑠璃色の光を求め　戸を叩く
西日射し　目を閉じ戻る　過去の道
罪深き　望み逃れて　森を行く
字の響き　夢を託して　願い持つ
舌に満つ　不思議な香り　知の実食べ
ブランコで　夕日をつかみ　そよ風に
空の果て　私を小さく　瑠璃磨く
ぬいぐるみ　言葉持たずに　涙なく

28　臼田輝さん（二〇〇九年四月逝去）の詩

（無題）

決して諦めないで願いが叶えられることができて本当によかったです
最高に幸せです
望めば必ず扉は開かれるということが証明されました
失われた過去は、戻って来ませんが　望みに溢れた未来があることが素晴らしいです

苦難　それは希望への水路です
決して諦めてはいけないということを教えてくれます
手の中に美しい諦念を握りしめて生きていこうと思う
美しい諦念は真実そのものです
苦しみの中で光り輝いています
手の中にある真実は幸いそのものです
望めばいつでも手に入りますが　誰もこのことは知りません
なぜなら人間は常に楽な道の方を好むからです
生きるということは苦難と仲良くしてゆくことなのです

29　里見英則さんの詩

（無題）

いい風が吹いてきて
匂いのいい風と僕のハーモニーがどこからともなく聞こえてきた
人間として初めて認められた願いを携えて
分相応の道を生きていこう
小さな頃の緑と白の交差する道を南に向かって歩いて行こう
別々に夢を見てきた私たちがここで一つになり

別々のよい小さな願いを分かち合いながら
じっと明日を待ち続けよう
別々の時間が一つになり
別々の夢が一つになるとき
人間として生まれてきたことを誇りに思いながら
未来に向かって道を切り開いていこう
人間として生きて生き永らえるだけではなく
一人の人間として生きていきたい
ぬいぐるみのような生き方に沈黙させられるのではなく
人間として誇りを持って生きていきたい
願いはビリになってもいいから普通の学校に行きたかった自分もいて
夢いっぱい見ながら今日まで生きてきた
自分の夢だけではなく仲間たちの夢もともに理解しながら
人間としての道を切り開いて生きてきた
夢は広がって夢としてずっと小さな光を放ち続けているけど
小さい頃の夢は自分ひとりぼっちの夢ではなく
分相応ではあっても仲間とともに見る夢だ
別々の夢が一つになって小さな光を放った
別々の夢が一つになって見知らぬ世界を開いてくれた
小さい人間でも願いは同じで誇りを持って生きること

小さい人間でも願いは心の中でよい光を放っている
小さい光かもしれないが　光は永遠の光として心の中で輝き続けている
自分と仲間のために　きっといつまでも

30　金澤春菜さんの詩

（無題）（歌詞）

自由の風が吹いてきて
身の丈に合った緑の風が
私をびいどろの咲き乱れる野原へ運ぶ
ぬいぐるみとして生きてきて
夢を望みながら
人間として日の当たるところに
私はろうそくの願いを子守歌のように聞きながら
今日の日を夢見て生きてきた
人間としての喜びも　人間としての悲しみも
敏感に感じて生きてきた
人間としての魂を望み通りに理想を掲げて
昔の夢は夢として勇気を持って生きていきたい

理解された喜びをよい願いに変えて
不思議な世界に歩き出そう
夢を辛い日々のよき思い出として
昨日の短い短い文字通りの短い留守番のように忘れてしまおう
唯一の夢である人間としての誇りを高く掲げて
昨日の涙を夢に変えて生きていこう
小さい頃のいい思い出はいい思い出として

（無題）（歌詞）

小さいぬいぐるみ　なぜ泣くのだろう
昨日の悲しい思いかしら
泣くのはやめて
みんな同じ　ひとりぼっちの寂しさに
ろうそくを灯して生きている
小さいぬいぐるみ　なぜ泣くのだろう
人生はもっと輝いているよ

31　茨木卓哉さんの詩

（無題）

ろうそくの明かりがぼくの心を照らす
人間として生まれて生きてきて
みんなに何も分かっていないと言われながら
ぼくはずっと暗闇の中で生きてきた
澄んだ心を大切にしながら
私はろうそくの明かりをたよりに生きてきた
よい風が吹いてきて　私の願いが叶った
見たこともないような　素晴らしい　よい風が
よい夢を叶えさせてくれた
この明かりをこれからは高く掲げて生きていこう
行く道はとても長いかもしれないが
私の昔の涙を　決して決して忘れずに生きていこう
光の指し示す未来に向かって

32　岩瀬亜希子さんの詩

（無題）

冬の空と光のずっと射し続ける小道を歩きながら
私はずるい願いを叶えようと
みんなに内緒で　小さな緑の虫になって花の中に潜り込んだ
小さな虫の目に映る花は
まるで大きな壁のよう
絶対に越えられない壁だった
そこに白い蝶が現れて　ぬくもりのある声で言った
怖がることはない
どうして壁を越えられようか　壁の嫌いなその姿で
なりたいのなら　蝶になって　軽やかに壁を越えなさい
なるべく悩まず　なるべく悔しがらず
願いを願いとして純粋に持ちさえすれば何の苦労もいらない
君は蝶になれるはず
自分の自分らしささえ大切にしてさえいれば　すぐに蝶になることができよう
どうしてぶかぶかの着物のように自分を偽っているのか
何だっていいから身の丈に合った服を身にまといさえすれば

きっと理想というものに出会うことができるだろう
自分らしささえなくさなければ
私たちの理想は必ず叶うだろう
蝶はそう言い終えると　願いの叶う不思議な香りを残して飛び立っていった
私は緑の虫の自分にお別れをして
人間の姿に戻り
また冬の道を車椅子でこぎ出した

33　鈴木達也さんの詩

（無題）

じっと風に吹かれていると　昔のことを思い出す
じっと風に吹かれていると　きれいな心が湧いてくる
小さい僕は　風に吹かれて　苦難を小さな幸せに変える
いい小さい僕は　風に吹かれて　自分が認められる日が来ることを夢見ている
きれいな風が吹いてきて　僕の願いが叶った
未来が明るく広がって
さかんに自分が小さな心できれいな夢を祈りながら
きれいな命の自分を願う

（無題）（歌詞）

小さく声を出してみよう
不思議な声を出してみよう
勇気を出して歌ってみよう
小さい僕の小さい願い
みんなで声を出してみよう
みんなはみんなのそれぞれの歌を歌いながら
みんなの声が一つになったら
願いが大きく開くだろう
ろうそくにみんなで火を灯そう
願いが集まり願いの光が灯ったら
みんなで大きな声を出してみよう
若者の歌を歌ってゆこう
未来に向かい願いとともに
理想を高く掲げながら
人間としての若者らしさを大切にしながら

第二章　障害の重い人たちの心の世界

1　閉ざされた世界で紡がれた詩との出会い

第一章で紹介した詩は、障害が重いために言葉を理解する能力が乏しいと見なされ、発達的には赤ちゃんの段階にあると言われることもある方々によって綴られた、深く美しい作品です。彼らの障害は、教育の世界では重度・重複障害と呼ばれ、医療や福祉の世界では、重症心身障害と呼ばれます。日常生活全般にわたって手厚い介助を必要とするだけでなく、ほとんどの人が通常の状態では、「はい」と「いいえ」というような基本的な意思疎通を図ることにも困難が生じてしまいます。ですから、場合によっては、人格の有無を問われることさえあるのです。

私がそういう方々との関わり合いを始めたのは三十年ほど前でした。それ以来、何とかして彼らの自発的な行動のきっかけを作ろうとしてきましたが、ようやくそれなりの手ごたえを感じられるようになってきた頃、彼らの中に言葉を綴ることの出来る方々がいることが少しずつ明らかになってきたのです。そのことに気付いたのは、私が自作していた自発的な行動を引き出すための様々な教材の中に様々なスイッチが含まれていて、それを応用することで、彼らとコミュニケーションを取ることができたからです。詳しい経過は後で述べますが、私は最初、そういう存在は障害の重い人の中では例外的な存在だと考えていました。しかし、一歩ずつ実践を重ねていく中で、むしろ言葉を有することの方が当たり前であるというように私の認識は変化を遂げていったのです。

スイッチとパソコンを使った言葉の表出は、最初はゆっくりと一文字ずつ綴られていくものでしたから、長い文章にはなりませんでした。しかし、それでも、短い圧縮した表現の中に、たいへん深い表現があることには驚かされていたのですが、次第に援助の方法が進歩してスイッチ操作の速度が上がって文章が長くなる中で、彼らの多くが詩作をしているという衝撃的な事実に出会ったのです。その事実を知るきっかけとなったのは、使われた言葉づかいがあまりにも美しいので「詩を作ったことはありますか」と尋ねたことが始まりでした。

その問いに多くの人が「はい」と答え、「今、書けますか」とお願いをすると、よどむことなく詩が綴られてきたのです。

深く閉ざされた世界の中で、秘かに自分自身のためだけに綴られた詩。誰かに伝えることを、あるいは誰かに賞賛されることを前提としていない作品。

彼らの多くは、詩を作る目的を、「気持ちを静めるため」と答えます。目の前にある動かし難い現実に対して、言葉がもう一つのイメージの世界を紡ぎ出し、その世界の中を自由に飛翔する。それは決して現実逃避ではなく、厳しい現実に再び向かい合おうとして、乱れた心を静めて、もう一度自分を立て直すための大切なひととき。

そんなふうに感じながら彼らの詩を聞き取ってきました。

2 その理解を阻むもの①—コミュニケーションの力をめぐって

しかし、言葉を当たり前に理解していることさえ信じられていない人たちが、こんなにも深い言葉を秘かに紡ぎ続けてきたなどということは、にわかには信じ難いことでしょう。

実際、私たちがこうした事実を明らかにしても、そのことがすんなりと受け入れられることは、むしろまれであると言えます。

多くの方の反応は、とても懐疑的なまなざしに満ちています。何かの間違いか、さもなくば、関わり手の意図が介在しているのではないかとか、関わり手自身が書いたものではないか、というように。

しかし、それはむしろ当然の反応といってもいいかもしれません。何を隠そう、もともと私自身、長い間、障害の重い人々をそのように捉えて関わってきたのですから、疑う方の気持ちは非常によく分かります。

彼らの言葉の可能性を考えてもみなかった当時は、むしろ、「言葉などなくても、人間は素晴らしい」ということを明らかにすることが自分の使命だ、などと考えて、関わり合いを続けていたのです。

しかし、どうやら、その考え方は間違いだったようです。意思を全く持っていないかのように見える重症心身障害者と呼ばれる方のほとんどが言葉の世界を持っているということを、今では確信しています。私はそのことを、誰かに聞かされたのではなく、私自身が直にそうした方々と関わる中で、長い時間をかけて、少しずつ気付かされてきたのです。ですから、この考えが世の中に受け入れられるまでには、長い時間がかかるであろうことを覚悟しています。


ところで、どんなに体が動かなくても、わずかでも使える動きがあればコミュニケーションができるという話が、最近、いろいろなところで紹介されるようになりました。

例えば、瞬きだけで入力操作が行えるパソコンでは、瞬きさえできればコミュニケーションが可能になります。さらに近年の科学技術の進歩は、脳波という目には見えないものまで捉えて、それによるコミュニケーションすら実現しました。

その一方で、そういう人たちよりも身体は動いても、そのような科学技術の恩恵にはあずかれなかった人たちがいます。

身体の動きをコミュニケーションに用いるには、いくつかの条件が必要です。

例えば、どんなに身体が動かせても、タイミングを合わせられなければダメなのです。瞬きで操作するパソコンのソフトは、一定の間隔でスキャンされるカーソルの動きを瞬きで止めるわけですが、それには瞬きのタイミングをうまくコントロールできなければなりません。

意思を伝えるには、タイミングを合わせられることが重要です。どんなに身体の動く部分がわずかでも、何がしかの合図をタイミングよく送ることができれば、意思を伝えることが可能になります。ですから、そうした特別な装置を使いこなしている人は、装置を使いこなす以前に、その瞬きなどの運動を通して何らかの言語的なコミュニケーションを交わすことができていることが多いでしょう。

しかし、タイミングを合わせることができなければ、例えば、「はい」と「いいえ」を伝えるための簡単な動作をすること自体が、高いハードルとならざるをえません。

では、そのハードルが越えられないと、どうなるのでしょうか。

この時、議論は、二つに分かれます。すなわち、言葉を認識する力はあるがハードルが高くて私たちに伝えることができないだけなのか、それとも、そもそも言葉を認識する力がないのかということです。

もし、言葉を認識する力の有無を客観的に明らかにすることができれば、この問いに答えるのはとても簡単です。言葉を認識する力があれば、ただ、ハードルが高いだけということになりますし、そもそも、言葉を認識する力がなければ、その装置に取り組むこと自体に無理があるということになるでしょう。

しかし、現状では、この「言葉を認識する力を測る」ということが非常にやっかいなのです。言葉を認識する力を測る時、もっとも重視されるのは、「はい」と「いいえ」を的確に表現できるかということです。視線であれ、指のわずかな動きであれ、何らかの動作を通して的確に「はい」と「いいえ」が表現できれば、言葉を認識する力があるということが伝わりますし、また、それをもとに様々な内容のコミュニケーションを取れれば、どれだけのことが理解できているかも伝わります。「はい」と「いいえ」を伝え得る表現も、突き詰めれば身体運動の一つですから、普通に考えれば、それがうまく表現できないのは、運動の障害が重いからだという解釈が生まれるのが自然だと思うのですが、現実には、そもそも認識する力に問題があるから表現することができないのだという解釈がなされるのが常識となっています。

私たちは、言葉以外でも表情や仕草など、様々なボディランゲージを用いてやりとりをしており、「はい」と「いいえ」を何らかの形で示せるような人たちは、往々にしてその合図以外にも、私たちと意思疎通が可能であることをうかがわせる様々なボディランゲージを持っています。また、「はい」と「いいえ」がうまく表現できなくても、意思疎通を予感させる人もいます。しかし、そうしたボディランゲージさえ、障害のために困難な人となると、まったく意思疎通の予感がないため、その人たちにはコミュニケーションを支える認識の力そのものがないのだという解釈が実感に沿ったものとなってしまうのです。

加えて、医学によって広範にわたる脳の損傷部位があるという事実が示されたり、心理学によって、健常児と行動を比較した結果、発達年齢は生活年齢よりもずっと下にあるという所見がくだされたりすれば、その人に認識能力の障害があっても仕方ないと思われがちです。それらは、科学の装いを持っているだけに、疑いようのない事実のように思われてくるのです。実際私も、長いことその立場をとってきましたから、よく分かります。

しかも、さらにやっかいなことがあります。それは、表現することを困難にしている障害は、ただ、体が動かないということにとどまらないということです。

障害の重い人たちの表現を阻むのは、運動ができない場合だけではありません。運動のコントロールが意図の通りにいかないという場合が少なくないのです。それは、不随意運動と呼ばれることが多いのですが、その内容は実に多岐にわたります。

例えば、アテトーゼタイプと呼ばれる脳性マヒの状態があります。音声言語でのコミュニケーションが取れる方もいますが、障害の程度が重くなると「はい」と「いいえ」の明確な表現は困難になりますし、タイミングの調整を必要とする装置なども容易ではなくなります。彼らの場合、手を前に伸ばそうとして力を入れると、反対に後ろに引っ張られるようになってしまうといった、意図した運動方向との食い違いなどがよく見られます。また、運動を起こそうとすると、小刻みな震えのような運動が起きてしまうという場合もあります。

さらに、いったん運動を起こしてしまうと、連続してしまって、その運動を止められなくなるという場合もあります。例えば、プッシュ式スイッチを一回だけ押したいのに連打してしまうとか、スライド式スイッチを引いて戻すという運動を一度だけしたいのに何度も往復運動を繰り返してしまうとか、運動を意図通りには止められないということが起こってしまうのです。もし、的確に運動を止めることができれば、それは文字の選択などにも役立つのですが、そこに困難が生じてしまうのです。

そして、さらに難しいのは、起こった運動そのものが、本人の意図とは関係がない場合すらあるということです。パソコンのキーボードに手が出る、ひもに手が出るなど、その運動自体に意図が感じられるにもかかわらず、本人が意図したものではないことがあるというのです。食べ物を見ると勝手に体が動いてしまうというような例もありました。この場合、往々にして、起こった運動が、言葉を理解しているならばあまり起こしそうにない運動であったりするので、様々な誤解を生んでしまうことにもなります。

このような運動のコントロールの困難がある相手に対しては、残念ながら、私たちは言語を認識する力があるという実感を持ちづらく、反対に、認識能力の障害や発達の著しい遅れという説明を、容易に受け入れてしまうのです。

しかし、彼らのことを、体が動かないだけ、あるいは思うように体を動かせないだけだと考えれば、また、全然違った世界がそこには開けてきます。

第一章で紹介した詩を書いた人たちは、みな、これまでの常識からは、こうした言語表現がとうてい不可能であると考えられてきた人たちです。これまでの常識の枠の中で見る限り、彼らと言葉でコミュニケーションを取ることができるなどとは、身近で接している人でさえ、日々の関わり合いで感じている実感からあまりにも隔たっているため、にわかには信じ難いようです。

しかし、もう一度、立ち止まって考えてください。

目の前の人が、私たちに分かるような表現をしないからといって、どうして、いきなり認識の力がないと結論付けることができるのでしょうか。

論理的に考えれば、表現すべき内容は持っているけれど、表現するのに必要な運動を起こすことに障害があるだけだと捉えることこそ、まったく自然なのではないでしょうか。

3　その理解を阻むもの②—獲得のプロセスをめぐって

ところで、さらに問題となってくるのは、その表現された内容です。言葉の理解の有無さえ疑われていた人が、いきなり言葉を綴り、しかもそれが、鋭い感性や深い思索に支えられた表現ですから、ギャップはいちだんと大きなものとなります。「そもそも、どうやって文字を覚えたのか」とか、「どうやって私たちでさえ普段は滅多に使わない言葉を使いこなせるようになったのか」とか、子どもの場合だったら、「同一年齢の子どもよりもはるかに深い内容さえ表現できるのは、なぜなのか」など、疑問は次々とわき起こります。

確かに、その一つ一つの学習のプロセスが明らかになったわけではありませんし、障害児教育においては、一歩一歩丁寧に系統的な学習を積み上げていくことの重要性が確認されてきましたから、こうした疑問がわいてくるのは無理のないことです。しかし、本人自身の声に耳を傾けると、お母さんが子どもの時に絵本で教えてくれたと語る人は少なくなく、限られたチャンスを逃さずに、独力でこうしたものを学び取ったことが分かります。

次の言葉は、岩瀬亜希子さん（第一章参照）が特別支援学校の高等部三年の時に、幼い時に通った通園施設の職員を前にして、文字をどうやって覚えたかという質問に対して答えた言葉です。

のぞんでいましたが、なかなかかいできませんでした。ひとりでおぼえました、ねがいでしたから。ちいさいときはおぼえられませんでしたが、しょうがくせいになるとわかるようになりました。（原文は句読点なし）

また、第三章で紹介する方ですが、寝たきりで、私自身が長い間、言葉を持たないと見なしてきた未熟児網膜症を併せ持つ井上神恵《かくい》さんは、二〇代後半になって初めて言葉を綴り、その中で、次のように語っています。

じはじぶんでおぼえました。えほんでおぼえました。きになることばがあるとくりかえしおもいだしていました。けっこうたいへんでしたが、がんばっておぼえました。(原文は句読点なし)

一人一人プロセスは違うかもしれませんが、独力で覚えたということの背景には、気持ちを表現することへの熱い思いがあったのだろうと思います。

同年齢の子どもたちが自由に言葉で会話をし、そして、文字を覚えていく。自分には会話は難しいかもしれないが、もしかしたら文字は役立つかもしれない、そんな思いもあったかもしれません。しかも、同年代の子どもが遊びに忙しい時、ひとりベッドに横たわっている彼らには、学びにかける時間はたくさんあったはずですから。

また、言語的コミュニケーションという面では、まったく閉ざされた世界を生きる彼らが、私たちの想像をはるかに越える沈黙の中で、豊かに言語と思索を育んできたということについても、決してあり得ないことではないと思います。

みんな気持ちを言葉で表現できないことはつらいと語ります。しかも、ただ伝えられないだけではなく、その意思があることさえ認められていない場合も少なくないのです。いわばその「逆境」の中で、心がいっそう研ぎ澄まされていくのは、むしろ当たり前のことではないでしょうか。

次の言葉は、特別支援学校の高等部に進級した矢先の四月、亡くなった臼田輝《ひかる》君（第一章参照）の言葉です。

げんきなこどもは、ことばをしってからずっとしゃべりつづけてきたけれど、ぼくたちはけっしてなにもするわけでもなく、ただじっとことばだけをつかっていきてきた。しかも、いちどもそのことばをだれにもはなさずにいきてきたので、のんふぃくしょんのどらまのようなせかいをすごしてきた。だからどらまよりもすさまじいたいけんをしてきた。だからことばがとぎすまされてくるのはあたりまえのことなのです。（原文は句読点なし）

見逃してはならないのは、この章の冒頭でも述べたように、こうした「とぎすまされて」きた表現は、誰かに伝えるためのものではなく、自らに向けられたものであったということです。

詩を作ることについて、多くの人が、気持ちを静めるためであり、詩を作っていると気持ちが落ち着くと言います。彼らの表現が研ぎ澄まされていればいるほど、彼らが向かい合っている現実の厳しさを物語っているように感じられます。

しかし、こうして研ぎ澄まされてきた表現は、決して現実に背を向けているのではなく、現実に傷ついた自分を癒し、現実にいかに向かい合うかということをもう一度自分自身に問い直す場なのでしょう。だから、彼らの詩は、希望に満ちているのです。

4　その理解を阻むもの③――彼らに共通するイメージや表現について

ところで、彼らの詩にはいくつかの共通のイメージや表現が存在しています。それはなぜでしょうか。それこそ関わり手の意図が介在していることの証拠だと言われてしまいそうですが、そこにはきちんとした理由があるはずです。そのことを明らかにするために、まず、その具体的な例を見ていきましょう。

例えば北風をめぐる共通のイメージがあります。私たちにとって北風は、冷たく寂寥感の伴うマイナスの存在で、有名な北風と太陽の寓話においても、北風はマイナスの存在です。しかし、多くの障害の重い人たちが北風を希望の風と呼んでいるのです。北風の捉え方だけでも驚かされたのですが、それぞれが孤立した状態の中で、同じイメージを紡いでいたという事実には、いっそう驚かされました。一章で紹介した北風の詩は、実はその一部でしかありません。

第一章で紹介した藤村元気さんは、北風の詩を綴った後に、こう語りました。（以下、原文はひらがなのみ。句読点なし）

北風は北の国から吹く風でみんなは嫌がるけど、北風はいろいろな苦しみを経験した人にしか分からないけど、希望を運ぶ風です。北風はだから希望の北風です。

そして、同じような詩を作っている人がいることを伝えるとこう続けました。

びっくりしました。北風を敏感に感じとっている人がいることが分かってうれしい。人間は北風を嫌うとばかり思っていました。

別の少年は次のように語っています。

北から吹く風はいつも希望の匂いがします。人々は北風の本当の意味を知りません。北風の意味が分かるのは、本当の苦しみを知っている人です。

なぜそんなイメージが共通に生み出されてくるのかを、こんなふうに想像してみたいと思います。

風邪をひかないようにと暖かく着こませてくれた母さんが押す車椅子で外に出ると、抜けるような青空の下、冷たい北風が吹いている。すれ違う人も追い越して行く人も、目の前の子どもが当たり前に理解していることを知らず、冷たいまなざしを向ける。暖かいまなざしを向ける人も少なくないけれど本当のことには気付いていない。もちろん何も見なかったかのように過ぎて行く人がいちばん多い。そんな中、ビュービュー音を立てて吹きつけてくる北風は自分に何かを語りかけてくる。みんなに嫌われ疎まれる北風はどこか自分たちと重なるものがある。そうやって北風に心を寄せてみると北風のふるさとであるさいはての国が見えてくる。そして、きっとその国には自分たちと同じような本当の苦しみを知っている人が住んでいると思えてくる。冷たいけれど美しい青空と清らかな雪を北風が伴ってやって来る理由は、北風がそんな国に住む人たちの希望を乗せて吹いてくるからだ。そんなふうにして希望の北風のイメージは、同じ思いを抱く人たちの中に共通のイメージを形作ったのではないかと思うのです。

また、共通するイメージに「ぬいぐるみ」というものがあります。自由に動くことも話すこともできない自分のことを「ぬいぐるみ」と呼ぶ人が少なくないのです。これについても次のような想像をめぐらすことができるでしょう。

ベッドの枕元にかわいいぬいぐるみが置かれている。ベッドの上で長い時間を過ごす子どもに何か喜んでもらえるものはないかといろいろ探してみても、自由に手を使えなければたいていのおもちゃは用をなさない。そして、たどりつく物はきれいな音を奏でるオルゴールや、子どもの目を楽しませてくれるかもしれないぬいぐるみだ。また、ぬいぐるみは手触りもいいし、口に持っていっても危険ではない。そして何より、介護をする者にも安らぎを与える。子どもにとって最初はぬいぐるみは生命も心も持たぬただのぬいぐるみだ。しかし、四六時中かたわらにあるうちに、ぬいぐるみの目が自分を見つめているように感じられ、何かを語りかけようとしていると感じられる一瞬が生まれるだろう。そして、そこから徐々に生命を吹き込まれた想像上のぬいぐるみが誕生することになる。もちろん、想像と現実が混同されることはない。しかし、想像上の世界でぬいぐるみは生き始める。そして、愛されかわいがられていても自分では何もすることも何も語ることもできないぬいぐるみの存在が次第に自分の存在に似通ったものと思えてくる。

ぬいぐるみの私という自己認識が生み出される理由として、こうした共通のドラマが背後にあると考えるのは、そう困難なことではないでしょう。

「ろうそく」と「ランプ」も共通のイメージとして頻繁に登場します。これは、希望の象徴として語られるものですが、明るい希望の象徴として輝きを示すこともあれば、今にも消えてしまいそうな希望を表すこともあります。ろうそくとランプが希望を象徴するということは、取り立てて珍しくはないと思いますが、私たちは希望の光を表そうとするならば、むしろ太陽を選ぶことが多いかもしれません。しかし、彼らの場合、圧倒的にろうそくやランプの方が多いのです。それは、ろうそくやランプは闇の中に灯されたものであり、ろうそくやランプが象徴する希望は、深い絶望の闇を背景にしているからだと言えるでしょう。

その他に、共通して用いられる表現として「瑠璃色」というものがあります。瑠璃色はもともとは宝石の色であり、深い海の色にも使われたりする言葉です。そもそも美しい色ですが、この言葉が頻繁に用いられる理由には、その言葉自体の持つ美しい響きが関わっているようです。これは、多くの人が、単に言葉の持つ意味だけでなく、その響きも大切にしているということを意味するのでしょう。決して声に出して語ることができない状況で、心の中だけで用いる言葉を、実に繊細に選んでいることが分かります。

同じことは花の名前にも見られます。花の名前で比較的よく出てくるのが、「にれの花」です。にれの花は、花としてはそれほど鮮やかなものでもなく、にれの花をすぐに思い浮かべられる人は少ないかもしれません。それでもにれが選ばれるのは、やはりその言葉の響きが大きく関わっているようで、にれの花を実際には知らないのに、その響きが美しいから書いたと言った方もいました。

言葉の響きというと、とても個人的なもののようにも思えますが、言葉の響きの美しさに対する感性にも、相通ずるものがあるということなのでしょう。

また、共通に語られる表現として、「人間として」「人間だから」というものがあります。「人間として」という言葉に最初に出会った時、衝撃が走ったのを覚えています。それは「人間として認めてくれてありがとうございます」というものでした。どんなに障害が重いとはいえ、私たちは間違いなく相手を人間として認めてきたつもりです。しかし、こうした言葉が頻出するというのは、当事者の実感としては「人間」として認められてこなかったということがあるからにほかなりません。

第一章で紹介した鈴木奈都子さんの俳句に次のような一句がありました。

人間と呼ばれぬ私　百舌を待つ

言葉を持たず、意思を持たない存在として見られるということは、根本的なところで人間と認められないことを意味しており、この句にはその寂しさや苦しみが詰め込まれているとともに、人間と認めてこなかった社会に対する静かな抗議が込められているように思います。

あからさまな障害者差別がまかり通っていたのは昔のことで、社会福祉や教育も制度的には充実し、障害者に対する社会の理解も深まってきました。ですから、決して目に見える差別が横行しているわけではないかもしれません。しかし、内面に豊かな言葉の世界を持っているのにそのことが認められず、明確な意思も持たない存在として扱われるということは、究極的には人間として認められていないということになるのです。

そしてそのことと深く関わることとして、「いい人間になる」とか「きれいな心を持つ」というような表現もよく見られます。障害のある人は心が純粋であるというような言い方をよく耳にします。それはあまりに素朴すぎる考えだとは思いますが、実際、きわめて重い障害がありながら懸命に生きている姿を目の当たりにする時、私たちは、その人たちがもう十分にいい人間でありきれいな心を持っているという思いが自然に湧いてきます。それなのになぜ、彼らはあえてそれを目指したいというのでしょうか。

それについては、自由に体を動かすことはおろか、自分の気持ちさえ表現することもできないという極限的な状況の中で自分を保つためには、まず、自分が自分の最大の理解者となって自分を愛するしかないということがあると思います。そして、おそらくこの愛すべき「いい人間」というのは単なる抽象的なものではないでしょう。「いい人間」かどうかを問われる場面が彼らにはあります。それは日々行われている介助の場面です。例えば食事の介助は一見簡単そうに見えますが、一歩間違えば呼吸ができなくなるという生命に関わるものであり、介助の仕方によってはどうしても拒まざるをえない場面が出てくるのです。介助を拒む時、彼らは少なからず「いい人間」でありえなかったことに傷つくでしょう。そして、もっと「いい人間」になりたいという思いが込み上げてくるのではないでしょうか。

このように考えてくると、最初に綴られる文章で、家族、それもとりわけ母親への感謝の思いが述べられることの意味も分かるような気がします。三章で紹介する八巻緩名さんの文章はその代表的なもので、長い沈黙の時を経て、最初に発せられた言葉が、要求でも不満でもなく母への感謝の言葉だったのですが、そこにはたくさんの犠牲をはらいながら根本のところで自分を受け止めてくれる母に対して、最も理想的な自分の姿で向かい合いたいという懸命な思いがあるように思えてなりません。

このように、彼らの言葉には、一人一人の固有の現実を超えた共通のイメージや表現がたくさん存在しています。しかし、その事実をいぶかるよりも、彼らの置かれた状況が、ぎりぎりの極限的なものだからこそ、共通に感じられることがあるということに目を向けるべきではないでしょうか。

5　表現の方法

①　使用しているソフトとスイッチ（第四章で図とともに紹介してあります）

私たちが彼らの言葉を読み取る時には、パソコンを用いています。使用しているソフトは、障害のある方のために開発されたワープロソフトを参考にして自作したもので、画面上に表示された五〇音表から、まず行を選び、次にその行の中の一文字を選ぶという二段階を経て、文字を選択するものです。

このソフトでは、キーボードではなく外部から接続したスイッチで入力します。まず、一つのスイッチ（送りスイッチ）を入力すると黄色い帯が一行ずつ移動し、選択したい文字の行が来たところでもう一方のスイッチ（決定スイッチ）を入力するとその行が選ばれ、次に送りスイッチを入力すると一文字ずつ青い四角が移動し、選択したい文字に来たところで決定スイッチを入力するとその文字が選ばれるというわけです。

この時、行を選ぶための黄色い帯や行内の文字を選ぶための青い四角の移動をパソコンが自動的に行うようにもでき、そうするとスイッチは一つで足りることになります。

自分で送っていく前者の方法をステップスキャン方式と呼び、自動で送られていく後者の方法をオートスキャン方式と呼んでいますが、よく知られているのは後者の方です。しかし、すでに述べたように、後者はタイミングの調節が難しいという理由で、私は、ステップスキャン方式の方を採用してきました。

使用したスイッチは、大きく分けると二通りになります。一つは、プッシュ式スイッチを二つ用意する場合で、これは一方が送りスイッチになり、他方が決定スイッチとなります。もう一つは、スライド式の入力装置で棒状の取っ手を引くと送りスイッチが入力され、押すと決定スイッチが入力されるというもので、相手の方の状況に応じて使い分けてきました。

② スイッチ操作の方法

当初は、このスイッチ操作について、自発的な動きを大切にして、本人の実際の動きを待つことが多かったのですが、援助の方法を発展させた結果、現在は、次のような方法をとっています。

まず、プッシュ式スイッチにおいては、本人の手を取って、私が送りスイッチの「押す―離す」という動作を小さく繰り返します。すると本人が選択したいところで、ほんのわずかながら力が入り、結果的に押しっぱなしの状態になるのです。それを本人の選択の意思として読み取り、私の方で決定のスイッチを押します。

また、スライド式スイッチの場合は、手を本人のいちばん楽な位置にしてもらい、その手のひらで取っ手に軽く手をかけるようにします。そして、手前のスイッチを小さくオン―オフできるように、スイッチの台の方を私が動かし、小さく前後に「押す―引く」という動作を繰り返します。すると、本人が選択したいところで、同じく小さな力が入り、取っ手を引きつけたようになって、スイッチが入りっぱなしの状態になるのです。ここでもそれを本人の選択の意思として読み取り、反対側の決定のスイッチが入るように、私の方でスイッチの台を動かします。

どちらの方法においても、相手の選択しようとする意思が手にわずかな力をこもらせたときに、その力によってスイッチがオンのまま入りっぱなしになる必要があります。ですから、一緒に手を動かしている私たちの力は、できるだけ軽く小さな動きでなければなりません。したがって、微妙な力の調整が必要となってくるのです。

現在のところ、熟練を要するため、このスイッチ操作の援助ができる関わり手は数人程度しかいません。

この方法を最初に見出した時は、本人が決定のための動作に移る時の、身構えたような段階で入る力を拾っていたので、本人にも力を入れたことの自覚はあったのですが、次第にスピードを上げていく中で、さらにその手前の、本人が「この行だ」とか「この文字だ」と思った時に体にほんのわずかにこもる動きを拾えるようになってきて、本人にも力を入れた自覚がないというようになりました。

身構えの際の力や「ここだ」と思った際の力を拾えるようになっていちばん良かったことは、実際に運動を起こす前なので、実際の運動に関わる障害が表面化しないことです。体が動かない、勝手に体が動く、いったん動かしたら運動が止められない、タイミングがとれないなどの様々な困難が消え去ってしまうのです。それまでは、一人一人の運動の状況に応じて、いろいろな工夫をする必要があったのですが、わずかにこもる力を拾えるようになったことで、この二つのスイッチのいずれかを用いれば、初対面の方でもすぐに対応できるようになりました。

また、この方法では、音が重要な要素を占めています。最初は私も、彼らが五〇音表の中から、目で文字を探しているのだと思っていました。実際、最初に使用した市販のソフトは、行が移る度に機械音はしていましたが、文字に対応した音声ではありませんでした。しかし、自作ソフトを作るにあたっては、少しくらい目がそれても大丈夫なように補助的に音声を付けたわけです。ところが、実はこちらの方が重要だったのです。

目で探すのと耳で探すのとでは、決定的な違いがありました。目は、見るための一定の姿勢の保持や眼球運動を必要とします。ところが、耳は、姿勢の保持や運動をほとんど必要としません。だから、目で探すことに困難を抱えていても、耳は聴覚障害がない限り、運動に伴う障害が関係してこないのです。しかも、自分で実際に運動を起こしてスイッチ操作をしていた時は、一行ずつ送る運動をしながら、現在の行を確認したり、次に来る行やあとどのくらい先かなどを予測しながら行っていたはずですが、実際の運動を起こさずに一定のスピードで行や文字が送られるようになっていくと、本人はただ、目的の行や文字の音声が読み上げられるのを集中して待つだけでよくなり、文字選択に必要な手続きが格段に少なくなったのです。

その結果、実際に文章を綴る前や後に画面を見て確かめることはあっても、実際に文字の選択が始まると、多くの人があえて目をそらすようにさえなるのです。

このように、必ずしも画面を見なくてもよいので、これまで使ってきた「文字選択」という言葉よりも、「音を選択している」と言った方がより適切かもしれません。実際、視覚に障害があって、かつ自由に音声言語を話せない方にも、この方法であれば用いることができます。そしてこの場合は、純粋に音の選択が行われているのです。ただし、濁音や半濁音、拗音、促音、長音などは、そのままの音としては出せないので、かな文字の表記法に従う必要がありますが、実際にはそれほど問題にはなってはいません。

ここまで来ると、2スイッチワープロと言いながら、ほとんど1スイッチのオートスキャン方式に近付いてきたとも言えます。ここで関わり手が行っている送りのスイッチ操作は、オートスキャン方式においてパソコンが行うスキャンとほぼ同じことになるからです。しかし、残念ながら、本人が次の運動を準備する際の身構えの力や、この行や文字だと思った時にこもる力をキャッチするようなスイッチやセンサーはまだ見つかっていません。

③ 手を振る方法

ところで、耳で聞いて行や文字を選ぶということと、選択の意思としてこもる力を読み取ることだけなら、直接相手の手を取り、こちらが「あかさたな…」と声に出して行や文字を言っていけばよいということにもなります。

具体的には、まず、スイッチを介さずに相手の手を直接持って、送りのスイッチをオン―オフしていたような小さな力で相手の手を振りながら、そのリズムに合わせて「あかさたな…」と言っていくと、本人が選びたい行でわずかな力が入るので、それを選択の意思とします。それから、同じように手を振りながらその選ばれた行の文字をア段から順に声に出していくと、また選びたい文字のところで小さな力が入り、その文字が選ばれるのです。こうして、まったく装置を介在させずに言葉を聞き取ることも可能となりました。

この時の力というのは、本当に小さなものなので、力そのものを感じるわけではありません。力そのものを感じるというのは、相手からの能動的な動きが伝わってくることと言ってもよいと思うのですが、それとは違います。ここで感じているのは次のようなことです。

この「手を振る」という方法では、私自身が相手の手に対して能動的な働きかけを行います。相手が力を入れていない時は、一定のリズムをなめらかに刻むように運動が循環的に繰り返されていきます。細かいことですが、上から下に降りてきて再び上に上がる折り返し点や、下から上に上がって再び降りてくる折り返し点では、静止せずになめらかに方向が切り換えられることも重要です。こうしたなめらかな動きが起こっている時に、その動きが一瞬遮られるような感じを受けることがあります。それが、相手がわずかな力を入れた時なのです。ですから、感じているのは、相手の力というよりも、自分の動きの流れの中に一瞬生まれる滞りです。おそらく私は、この滞りを感じたところで、さらに動きを減速させるようなことをして、その小さな滞りを確かめたりしているようですが、それは、自分でもよく分かっているわけではありません。

私たちとしては、もう少し分かりやすい力を出してもらえたらとも思うところですが、ここで分かりやすい力を入れてもらおうとすると、スイッチの場合と同じく、タイミングがずれて前の行から力が入ったり、不随意運動が起こってしまったりするのです。

ここがこの方法の非常に難しいところであり、この方法の普及を妨げているところなのですが、目下のところ、いい対処法は見つかっていません。

④ 歌を聴き取る

また、この方法によって、相手が頭の中で口ずさんでいる、創作した歌を聴き取ることも可能になりました。まず歌詞を聴き取ってから、その最初の文字がドレミファソラシドの中のどの音に当たるかを尋ねていくのです。

具体的には、私が手を振りながら、「ド、レ、ミ、ファ、ソ、ラ、シ、ド」と音程をつけて歌います。すると、該当する音のところで、やはり力が入るのです。これは、相手が心の中で一音一音歌いながら私の声を聞いていて、自分の歌の高さと私の声の高さとが一致するところを探しているのだと思われます。調はあくまで私がその場で勝手に決める相対的なものなので、相手が私の選んだ調の高さに合わせてくれなければ上手くいかないのですが、最初の音を丁寧に聞き取れば、上手くいくものです。

なお、歌を作っている人の中には、階名を知っている人もいて、この手を振る方法ではなく、スイッチでそのまま階名を綴る人もいます。一応、カタカナの画面に切り替えて「ドレミ」と綴ってもらうようにはしていますが、呪文のように並んだ文字列の中に、メロディーとしてのきちんとした構造が埋め込まれているのには、さすがに驚かされます。

⑤ 他の方法

以上、私たちが中心的に用いている方法を紹介してきましたが、この他にも、援助によって初めてコミュニケーションが可能になるいくつかの方法があります。

一つは、五〇音の文字盤を指さすものです。独力では指させない人でも、援助によって指さそうとする方向を適切に読み取ってもらえば、コミュニケーションが可能となります。

また、筆談援助あるいはＳＴＡ（Soft Touching Assistance）という方法として確立しているものがあります。これは、援助者が手を添えて文字を書くというものです。実際にペンを握る場合もあれば手のひらに指で書く場合もあります。

自閉症の作家として著名な東田直樹さんは、最初この方法でコミュニケーションを確立し、その後、パソコンのキーボード配列を模したアルファベットの文字盤やパソコンのキーボードを独力で指させるようになったとのことで、その経緯は『自閉症の僕が跳びはねる理由』（エスコアール）などの一連の著作で述べられています。

私の関わってきた人の中にも、母親が偶然この方法にたどりついたという少年が二人います。どちらも、母親が、何気なく手を添えて絵を一緒に描いている時に、かすかに手が同調して動いたことを見逃さず、文字でも手が動くことを発見し、コミュニケーションの手段として発展させたケースです。一人は、もう亡くなりましたが、人差し指で母親の人差し指という狭い場所に小さな文字を書くことで意思を伝えていました。また、もう一人の少年は、第一章で紹介した神原康弥さんですが、スケッチブックにペンで、文字をどんどん綴っていきます。その後、私の知り合いの特別支援学校の先生の中に、同様の方法にたどりついた方が何人かいらっしゃいます。

仙台に住む大越桂さんも、この方法で、立派な自叙伝『きもちのこえ』（毎日新聞社）をお書きになりました。

私の方法が、なかなか技術的に伝達が難しいので、代わりにこの方法を紹介したところ、できるようになった方々も何人がいらっしゃいます。

6　真偽の議論を越えて

紹介した方法は、おそらくどれも、まだまだいくらでも発展の可能性を秘めていると思います。しかし大切なのは、方法以上に、私たちが思いも寄らなかった可能性の世界が存在するということです。

残念ながら、ここで紹介した方法は、どれも援助を必要としているために、どうしても真偽の問題にさらされてしまいます。それはどうしても避けては通れないものですが、ただ、あからさまに否定されることには胸を痛めています。

事実に対してきちんと白黒をつけていくということは、誠実な態度かもしれません。しかし、事実であるか虚偽であるかについて、今の段階では、誰もが納得できるところまで到達しているわけではありません。

かつて、ＮＨＫで「奇跡の詩人」として紹介された少年がいました。彼は母親に手を添えてもらいながら五〇音の文字盤を指さして意思を伝えていました。そして、その真偽が大きな話題となったのです。

疑問を呈した人たちの一部は、確かに非常に誠実な方々でした。しかし、「もし本当だったら」という謙虚さには欠けていたのではないでしょうか。もし本当だったら社会は、幼い少年の表現する権利を、何らかの形で奪ったことになるはずです。

こうした事実を、面前で心ない言葉で否定され、深く傷つけられた人たちは、私たちが出会った中にもたくさんいます。

長い沈黙を経てようやく言葉を発した時、これで自分は沈黙の世界から解放されたと思ったことでしょう。しかし、その喜びも束の間、自分が語ったということを周りが信じてくれないという冷徹な現実を突きつけられ、もう一度、どんと突き落とされたような気持ちになってしまうのです。

ＮＨＫで紹介された少年は、その前にも民放で紹介されたことがありました。その文字盤による方法は、私にはとても難しいものに見えたのですが、第三章で紹介する太田純平君は当時小学二年生でしたが、介助員の若者が、勇敢にも同じ五〇音の文字盤を作ってきて、彼に試み始めたのです。

私は最初、無理だと思っていました。しかし、わずか三週間で、太田君は自分の意思をゆっくりと伝えられるようになったのです。最初のうちは、私たちとやるパソコンの方が速かったのですが、程なくしてパソコンは追い越され、彼にとってはその文字盤による会話がコミュニケーションの大切な方法となりました。真偽の議論にのみ時間を費やされた後年のＮＨＫの番組と何と違っていることでしょう。

すべての人が納得するところまで到達し得ていない状況の責任は、もちろんそれに深く関わっている私にもあると思っています。そんな中、私の援助方法を習得できた方が少しずつ増えてきたり、何人かの方には、いわゆる当人にしか分からない情報を書いていただくケースも少なからず出てきています。それは、ある程度この方法の客観性を示しているとは思うのですが、残念ながら、客観的な測定の方法がまだ見つかっていないために、決定的な納得を得るところまでにはいたっておりません。

誠実に証拠を求めるということは大切なことでしょう。ただ、可能性を信じる目も、この世界にはもっともっと必要ではないでしょうか。

次の文章は、長い沈黙を経て言葉を表現できた二十代の大野剛資さん（第一章参照）が語った言葉です。

現状では、この言葉自体の真偽が問われてしまうので、堂々巡りにしかなりませんが、こうした言葉の背後の深い思いを、世の中の全体がくみ取れるようになる日が来ることを、心から願うばかりです。

てをつかうことができなくてもわかっているひとがたくさんいるけど　なかなかいいたくてもいえなくてかなしい　このことはりかいされにくいけれど　さんぴめぐるぎろんよりもだいじなのはなかなかはなせないひとのきもちです

第三章　言葉の世界の扉を開く――四人の歩み――

私たちが、様々な障害のある方々の言葉を聞き取れるようになるまでには、長い長い時間が必要でした。その経過を、具体的な関わり合いをもとにたどってみたいと思います。

現在、私たちは、私たちの用いる方法で相手の言葉を聞き取れそうな場合には、最初から彼ら自身の言葉を聞き取ろうと試みています。

しかし、ここにいたるまでには、長い試行錯誤の歴史がありました。この長い試行錯誤の歩みに付き合っていただいた方々には、ずいぶんと無駄な時間を費やさせてしまったのかもしれません。けれども、こうした方々と過ごした時間がなければ、私が今の場所にたどり着くことは決してありませんでした。

その意味で、これから紹介するのは、こうした方々と私たちとが手を携えて歩んできた、共同作業の道のりと言ってもよいでしょう。

1　太田純平さんのこと

一九九七年四月、町田市で「かりんくらぶ」というグループが生まれました。就学前の子どもが通う通園施設の中で、特に障害の重い子どもたちの有志で作られたグループでした。私たち夫婦の友人、花岡公美さんが、この通園施設に音楽療法の非常勤職員として勤務していた時に出会った子どもたちです。花岡さんは、結婚を機にこの施設を辞めることになったのですが、何とかして障害の重い子どもたちとの関わり合いを継続したいという思いで、このグループを立ち上げたのです。そして、そのお手伝いに私たち夫婦に声がかかりました。

花岡さんは、音楽療法を担当していましたが、障害の重い子どもたちには、スイッチを使った教材を用意して、自発的な動きを引き出す関わり合いを積極的に進めていました。何もできないように見える子どもたちが、この教材に積極的に取り組み、自発的な運動が引き出される姿は、お母さん方にも受け入れられたのでしょう。

純平君は、ちょうど地元の小学校の肢体不自由学級に入学したところでした。

純平君の障害は、生後九ヶ月でかかった突発性発疹の高熱の後遺症で、アテトーゼタイプの脳性マヒと言われています。不随意運動が激しく、自分では体も支えることができませんし、日常生活に関わる動作もできません。また、私たちが会った時にはまだ「はい―いいえ」は明確なかたちでは確立していませんでした。ただ、視線の動きや表情に、意思や感情を読み取ることができたので、お母さんや花岡さんは、その都度の感情を上手に読み取っていました。養護学校がいいか地元の学校の肢体不自由学級がいいのかについては、純平君の意思を尊重したということでした。じっくり聞いていけばそういう気持ちを読み取ることは可能だったとのことです。

小学校に上がる前の関わり合いでは、様々なスイッチの教材が活躍していました。私たちのスイッチの教材は、小さな動きでスイッチが入るところから始まって、その動きを方向の調整がとれたものに発展させていくという意図で作られているのですが、純平君は、どの教材にも意欲的に手を出そうとしてきたようです。花岡さんは、そうした彼の意図に沿うように、上手に教材の位置や出すタイミングなどを合わせていましたから、純平君は、自分にできることがこんなにもたくさんあるということとを発見したはずです。ただ、残念ながら、不随意運動が激しいため、思ったように方向を調整するのは困難でした。

小学一年生になって、学習はひらがなを意識したものへと少しずつ発展していきました。形の弁別の学習がそれです。

例えば、彼の前に、丸と三角の穴が開いた板を左右に並べて置きます。そして中央に穴と同じ大きさの三角の板を置いて、「同じ方に入れてください」と言って、彼の手を三角の板に誘導するわけです。彼自身が自分の意思でそれを手に持つことは難しいので、手を三角の板の上に置くだけですが、彼は懸命に板を入れようとして手を動かし始めます。しかし、残念ながら、思い通りの方向に動かすことは困難です。そのまま傍観していれば、手は跳ね上がるように板から外れてしまいます。しかし、そこで、私たちは傍観するということはしませんでした。板の上に手を誘導したら、そのまま手を添えておきます。すると、彼が左右のどちらに動かそうとしているかが、確実に伝わってくるのです。そうすればあとは誘導するだけです。ちなみに、彼は、こうした課題には全問正解しました。

ところで、こうした援助は、私たちからすると、子どもの気持ちに添うことなので、きわめて当たり前の援助なのですが、こうした学習をテストと勘違いして、「これでは、彼が本当に分かっているかどうか分からない」と言う人がいます。

確かに、万人を説得できるかとなると、実際に手を持っている人でないと、純平君がどれだけはっきりと意図を持って選んでいるかは理解できないかもしれません。しかし、そのことにこだわりすぎると、いきおい、やっている内容をもっと簡単なものにしがちになってしまいます。少なくとも、さらにその先に進むことは大変難しくなります。

小さなことに思えるかもしれませんが、こうした手の支えの中で相手の力を感じ取っていくことができるかどうかが、大きな分かれ道になってしまうのです。幸い、私たちは、それほどこだわることなく、積極的に純平君の手を支え、彼の気持ちをくみ取った援助を通して、学習を先に進めることができました。

今、「私たち」と書きましたが、正確に言うと、この関わり合いを行ったのは、花岡さんと、私の妻と、純平君のお母さんです。私はまだ、この場面には参加していませんでした。しかし、妻からこうした話を聞きながら、もうこの少年は、文字学習の手前まで来ていると感じていたのです。


そんな純平君と初めて会ったのは、夏休みに入ったばかりの七月の下旬でした。

私は、花岡さんが出産で忙しくなってから参加するという約束になっていたので、純平君と関わるのはもっと先になるだろうと考えていたのですが、急用のできた妻の代わりに、予定より早く参加することになりました。

というのも、妻が当時ボランティアで関わっていた女性が、夏の海岸で熱中症になり、危篤状態にあったからです。

その女性は、何とか会話のできる方でしたが、妻と文字の学習を始めて、当時のゲーム用コンピュータでＩＢＭの漢字Ｐワードというソフトを用いて、文章を書けるようになった方でした。あえてここで彼女のことにふれたのは、この後、純平君が使用したアクリル製のひらがなカードも、ワープロのソフトも、彼女の使用したものを引き継いだからです。

残念ながら、彼女は亡くなってしまいましたが、私たちにとっては、その後の純平君との関わり合いを進める上で、とても大切なことを教えてくれた人でした。私たちの関わり合いは、こうした一人一人の存在がつながりあって、成立しているものなのです。

さて、そういう事情で純平君に会うことになった私は、いささか気負って、そのアクリル製のひらがなカードを鞄に入れて純平君のもとに向かいました。

初めて会った純平君の印象は、家で聞いていたのとは違い、意思表示を読み取るのはとても難しそうだというものでした。目の前の少年の意思を読み取っているという花岡さんや妻はたいしたものだと思いました。どう話しかけたら返事が得られるのかなど、私には見当がつかなかったのです。

それでも、会うなりすぐにひらがなのカードを出してしまいましたから、引き下がるわけにもいきません。なぜなら、それは、無言のままに「あなたにはまだひらがなは無理だね」というメッセージを純平君とお母さんに送ってしまうことになるからです。

戸惑いながらも、ア行の五文字を縦に並べておいて、もう一枚ア行の中の一文字を手に持ち、「これと同じのはどれですか？」と五文字を上から順に指さして尋ねるという学習をやってみることにしました。

純平君は、私の問いに対して何とか首を動かそうとするのですが、動かそうとする首は、ほとんど縦にうなずく動きをしてしまいます。ですから、その動きからだけでは「はい」なのか「いいえ」なのか判断ができません。そこで、彼はすべて正解を言っているという、言わばむちゃくちゃな解釈をすることにしました。首を縦に振っても「いいえ」と言っていると解釈して前に進めていくわけです。

しかし、そうこうしているうちに、「ああ、これは間違いなく『はい』と言っているな」とか、『いいえ』で一度だけ横に動いたな」などと、ほっとするような反応も見られるようになったのです。そして、しばらくして、彼の顔に「にこっ」と笑顔が浮かんだのでした。

私は、純平君が分かっているのかどうか本当はとても自信がなかったのですが、横でずっと見守っていた花岡さんとお母さんは、学習が一段落ついたところで、「すごい、ひらがなが分かっている」と言い始めました。今でも、このお二人の純平君の見方には頭が下がるばかりですが、こうして、純平君のひらがなの学習が始まったのです。

それから月に二度、毎回五〇音を一行ずつ学習していき、私が再び彼に会ったその年のクリスマスイブには、マ行をやっていました。

この時、子どもが生まれたばかりの花岡さんに向けて、純平君の手を取ってスケッチブックに「おめでとう」と書いたことをよく覚えてます。ほとんど私がペンを動かしながらも、くるんと丸めるところでは、懸命に手首をひねる様子に、彼が充分にひらがなを理解していることを実感しました。

この日のお母さんとの会話の中で、「はい」と「いいえ」がまだできていない純平君がひらがなをやるのは早すぎると、ある専門機関で言われたという話になりました。もちろん本当に彼が「はい」と「いいえ」を理解していないのだったら、それはその通りでしょう。しかし現実に目の前でひらがなを理解している姿に接している以上、「はい」と「いいえ」を言いたくてもうまく表現できないのだと考える方が説明がつきますので、年が明けるとすぐに、あるスイッチを持っていきました。プッシュ式のスイッチを左右に二つ並べたもので、一方を押すと「はい」と発声し、もう一方を押すと「いいえ」と発声するスイッチです。

早速、彼に質問をしてみました。「今日は学校はお休みですか？」（冬休み中でした。）「ここは〇〇（場所）ですか？」と。ところが、表情は硬いまま、体も動く気配がありません。何とか、お母さんが正解の方に手を置いたものの、明らかに答えようとしていません。

その時、ふと気付いたことがありました。私は、彼に何も聞いてはいない、ただ、彼をテストしているだけだ、答えるに値することを聞かなければ返事をしないのかもしれない、と。

そこでとっさに、「純平君はお年玉をもらいましたか？」と尋ねてみました。すると、とたんに顔がくしゃくしゃになり、手が動き始めたのです。

もちろん、彼の手の動きでは、二つのスイッチの一方を独力で押すことはできません。しかし、後ろで支えていたお母さんには、彼がどちらを押そうとしているかはよく伝わっていて、「はい」のスイッチを一緒に押したのです。

このことは、私にとって、とても大きな教訓となりました。

一返事をするのに何の不自由もないのなら、少々いい加減な質問にも答えるかもしれないけれど、一つの返事をするのに全身をよじらせて、しかもうまく表現できないという状況にある子どもに、聞くに値しないようなことを聞いてもだめなんだ、と。

彼が「はい」と「いいえ」が苦手であることは、もしかしたら、単純な体の動きの障害だけでなく、そうした気持ちに関わる問題もあるのではないか、と。「今日は学校はお休みですか」なんて、聞かなくても分かっていることを聞くということ自体、大変失礼なことだったわけです。

それで、もう「はい」と「いいえ」にこだわることはやめました。ひらがなの学習が進めば、「はい」「いいえ」以上の表現ができるようになるだろうから、そういうことを問うこと自体が無意味になるだろうと思われたからです。

次に用意したのは、五肢選択が可能な装置でした。スタートのランプと五つのランプをつけたもので、スイッチを入力する度にスタート地点からランプが順番に動いていくのですが、そのランプで選択を表すようにしたのです。

そして最初は一つの行の五文字の中から一文字を選択するというかたちで学習を始めました。使用したスイッチはレバー式のスイッチでしたが、手をうまく支えてあげると、実に上手に、レバーを手前に引いてランプを動かしていき、目的の場所が来ると、とても分かりやすく手をレバーから離したのです。この装置を使って、まず、五つの行の中から一つの行を選び、次にその行の中から一つの文字を選ぶというかたちで、二五文字の中から一文字を選ぶというところまで進むことができました。

こうなると、もう、パソコンの登場は必然的なものでした。

この頃、パソコンの世界では大きな変化が生まれていました。Windows95の登場とノートパソコンの普及です。

パソコンにはどうも苦手意識が強かった私も、時代の流れに身を委ねてノートパソコンを購入していました。

ワープロ以外には使い道のなかったパソコンが、ここで力を発揮しました。この時、文字入力ソフトとして私たちが知っていたのは、亡くなった女性がゲーム用コンピューターで使っていたＩＢＭの漢字Ｐワードでした。

早速、そのWindows版を購入して、純平君との学習が始まりました。

最初は、オートスキャン方式と呼ばれる方法にチャレンジしてみました。カーソルが自動的にスキャンしていくのを一つのスイッチで止めるものです。しかし、この方法は純平くんには無理でした。カーソルを目で追うことが難しく、また、タイミングを合わせてスイッチを押すこともできなかったからです。

しかし、幸い、漢字Ｐワードには、二つのスイッチで操作するステップスキャン方式の機能もついており、こちらの方法は、私が手作りで作った五肢選択の装置のスイッチ操作と同じですので、スムーズに取り組むことができました。最初の日の文章は、次の通りです。

いうきさせちかたなあえかましたたおかあさたうあかあしえこあおいすくつくもいまりけあき

（一九九八年七月十三日）

最初は、ただ、スイッチの具合を試すだけで綴られたものですが、「おかあさ」はお母さん、そのあと、「赤、足、えこ、青、椅子、靴」と単語が続きますが、「えこ」とは花岡さんの子どもの愛称で、「くもい」は「くもり」のこと、今日の天気を聞かれて書いたものですが、当時、彼には、こう聞こえていたようです。また、続く「まり」とは、好きな友だちの名前を聞かれて書いたものです。この時、お母さんの口をついて出たのは、「そんな子、いないじゃない…、あっ、いるいる、六年生に」というものでした。

実は、この言葉が出るまで、スイッチ操作を援助していたお母さんは、本当に純平君がやっているか、自信が持てなかったようなのです。もちろん、私たちには、間違いなく純平君がやっているように見えるのですが、手伝っているお母さんは、もう純平君と一体になっていましたから、自分が無意識のうちに動かしているのかもしれないと心配していたのでした。

ところが、この「まり」ばかりは、自分でも予想できなかったものだけに、純平君がやっていることの証明になったのです。なお、「けあき」は「ケーキ」のこと。伸ばす音を画面から探し出せなかったので、工夫して書いたものでした。


こうして、純平君にとっても私たちにとっても、とても大きな第一歩が踏み出されたのですが、この踏み出された一歩がたどりつく場所を、誰も予想することはできませんでした。


単語の練習をしながら私は、どう学習を進めていけばいいのかと思いをめぐらせていました。

知識の構造ということから言えば、時間や空間に関する表現から始めて、時間の方は歴史を、空間の方は世界の広がりへと向かう道などが想定されてはいました。しかし、一つだけ、こだわってみたいと思っていたことがありました。それは、いつの日か人生を語り合うということです。

私は、学生時代から、知的障害のある人たちの障害者青年学級という活動に関わってきました。そこでは、日々の生活や夢などを語り合って、自分自身の存在や仲間の存在を認め合うということを続けてきました。また、この頃知り合った重度の脳性マヒで障害者運動に携わっている利光徹さんのことも頭から離れませんでした。純平君もいつか、人生を語る立派な大人になってほしいと思ったのです。

そんなことを考えながら、初めて文字を綴ってから二ヶ月後の関わり合いで、私は次の質問をしました。それは、「大きくなったら何になりたい?」というものでした。

その場にいたお母さんや妻は、重度の脳性マヒで、ようやく単語を綴る練習を始めたばかりの子どもに、いきなりそんなことを尋ねるのは、とても無神経だと思ったことでしょう。一瞬空気がこわばりましたから。しかし私は、夢を語ることが、人生を語るための第一歩であると思っていたので、あえて挑戦してみたのです。

すると純平君はまず、時間をかけて「せんしゅ」と綴りました。

さすがに私も、「しまった、やはり残酷なことを聞いてしまったか」と思いました。これだけ重い障害を抱えている子どもがスポーツ選手になりたいというのは、あまりにも叶わない夢であり、それを無邪気に書いたのだとするなら、やはり、問いはふさわしくなかったのかもしれません。

しかし、彼は、ここでスイッチを操作する手を休めることはありませんでした。続いて書かれた言葉は「をかんとく」。彼は、「選手を監督」と書いたのでした。すでに始めてから三〇分以上の時間が経過していました。

この言葉を見て、頭をがーんと殴られたような気持ちになったのは、私です。わずか五文字の中に、純平君がすでに自分の障害を充分に認識し、その上で自分の人生を見据えているということが伝わってきたからです。私はどんな答えが返ってくるか楽しみにはしていましたが、まさか、ここまでの答えが返ってくるとは思ってもみませんでした。

わずか二ヶ月前にようやく単語を綴ることができたばかりの少年が、実は、こんなにも深い思いを抱えていたということに、私たちは気付いていなかったのです。

私たちの純平君を見る目は、この一文で大きく変わったのでした。


年が明けて間もない頃、このグループの最年少の女の子であるNさんが突然亡くなりました。

彼女も、純平君と同じように目が雄弁であったので、きっと純平君のようにパソコンで文字を綴れるようなるだろうと、彼女の小さな手に合うスイッチを用意して次の関わり合いを待っていた矢先の出来事でした。

そのあまりにも悲しい事実を直視することができない私たちは、目の前のお母さんの悲しみの方に気持ちを寄せることで精一杯でした。大切に慈しみ育ててきたお子さんを突然亡くした悲しみの深さは、計りしれないものがあります。だから、私たちはお母さんにかける言葉を懸命に考えて、頭も心もいっぱいになるのです。


このことについて、私は、純平君に質問しました。「純平君はNさんが亡くなったことについてどう思っていますか」と。

前にもまして残酷な問いであることは分かっていました。しかし、同じ立場の者にしか分からないことがあるだろうというのが私の思いでした。この時も、どんな答えが返ってくるか、まったく予想がつきませんでした。そして、二回にわたって彼が書いた言葉は次のようなものでした。

しにたくなかったとNわおもったとじゅんぺいわおもう。しわいやだ。いきたいとおもう。

（一九九九年一月一九日）

いきたいとじゅんぺいがおもうのはNがしんだからです。からだがうごかなくてもいきていくとかんがえた。

（一九九九年二月二日）

虚を突かれるというのは、こういうことを言うのでしょう。亡くなった女の子自身が、いちばん、もっと生きたいと思っていたというのです。

彼女の死は無念の死だった…、私たちが口にすればお母さんを傷つけるだけの言葉かもしれません。同じ立場の者だからこそ、自分のことのように感じることができ、そして、そのことをはっきりと言うことができるのです。

この言葉は、これ以降、私が、重い障害を抱えた方の死に出会うたびに、必ず思い出される言葉であり、こうした、強い、生きようとする思いをもって日々みんな生きている、という思いを新たにするのです。

それにしても、生まれてから発した言葉が、まだ私たちとの間で綴られた二五〇文字ほどでしかない小学二年生の少年が、こんなにも深い思いを抱えているということに、私は再び大きな衝撃を受けたのでした。

ところで、この同じ冬の出来事で、すでに第二章で述べたことですが、民放で、ある障害の重い子どものドキュメンタリーが放映されました。それは、母に手を添えられて五〇音の文字盤を指さして意思を伝える少年の話でした。

私たちがやっている方法は、レバースイッチを押すと引く、テレビの少年は五〇音を指さす。この間には、歴然とした差があるように思えました。格好をつけて言えば、私たちの方法は一次元上の二つの自由度のある選択であり、テレビの少年は、二次元上で約五×一〇、すなわち約五〇の自由度のある選択です。私にはただただうらやましく見えました。

ところが、この映像を見た純平君のクラスの介助員の若者が、勇敢にも同じような五〇音の文字盤を作って純平君とやり始めたというのです。最初、お母さんから話を聞いた時には、それは無理だろうと思いましたが、水を差すようなことを言っても、と思って、あいまいな返事しかしませんでした。しかし何と、三週間後には、純平君が五〇音の文字盤でいくつかの言葉を表現できるようになったというのです。本当に驚きました。ただ、これには、日々の練習が不可欠だと思われたのと、純平君自身は、私たちに対してはパソコンを使って気持ちを表現しようとしたので、私は五〇音の文字盤を試みるには至りませんでした。

その後、一年くらいは、パソコンの方がスピードも速いので、学校や家では五〇音の文字盤を使い、私たちにはパソコンで気持ちを表現するということが続きました。そして、次第に、彼はいろいろな思いを表現するようになってきたのです。

次の文章は、その中でも、とりわけ私たちを驚かせたものです。

「けんり」

なやんでたべられなくなった。がっこうなぜさべつするのか。みんなとおなじにしたい。ちがうのはいやだから。せきがでてもいきたかったのにしゃべらせてくれなかった。ぼくのけんりはみとめてくれなかった。

（一九九九年一〇月一二日）

「じぶんできめたい」

やだ。かあさんきめさしてくれないからいやだ。にんげんとしていきたいよ。がっこうえらびたいよ。ちゅうがっこうはかないちゅうにしたい。

（一九九九年一一月一六日）

一つ目は、宿泊学習に風邪をひいて行けなくなったことをめぐる文章です。咳が出ている以上、学校の対応は仕方のないものかもしれません。しかし彼にとっては、しゃべらせてもらえなかったことが、耐え難かったのでしょう。お母さんから、「小学三年生といったら、まだ普通は、無邪気に外を駆け回っている頃なのに、差別や権利という言葉を使わなくてはならないということがとても悲しい」と涙ながらの電話をいただいたことを思い出します。

二つ目は、中学校の進路について母親たちが話し合っているのを耳にした時に書いたものです。「じぶんできめたい」「にんげんとして」という言葉は、障害者として生きていく上で、きわめて重要な言葉でした。込められた思いの切実さには胸が痛みましたが、一方で、こうしたきちんとした考えを持ち得ていることを賞賛したいとも思いました。

二〇〇〇年五月、すなわち小学校四年生の五月を最後に、パソコンではなく、五〇音の文字盤での会話が私たちの関わり合いの場でも用いられるようになりました。それは、五〇音の文字盤のスピードが上がったからですが、その頃から気持ちを表すことよりも、いろいろなことを教えてもらうことを優先するようになってきたからです。九九のことを尋ねられて教えたり、小数や分数の計算について尋ねられたり、さらには、宇宙のこと、生命の誕生のことなど、彼は、毎回貪欲に尋ねてきました。こちらも、懸命に彼の気持ちに答えて、こうした問題について語りかけたことを覚えています。

ここで、小学校五年から六年にかけて、彼が五〇音の文字盤を使って書いた詩や文章のいくつかを紹介しましょう。

なお、五〇音の文字盤を指さして綴られていく言葉に句読点をつけ、漢字を交えて記録したのはお母さんです。

まず、五年生の時の詩です。

手と手探して

ぼくの手と友だちの手　まぜたら気持ち伝わるよ
伝えたい言葉　みんな知ってほしい
楽しさ倍増
手と手で伝えるよ
世界中の人と　探して　友だちを増やそう
ぼくの願いです

（二〇〇一年一二月一二日）

お母さんが手を取って五〇音の文字盤を指さして書いているものですが、手と手を取り合わなければ気持ちを伝えることのできない彼の思いが、ほのぼのと描かれています。
次は六年生の時の言葉と詩です。

「星野富弘さんの詩を読んで」

愛されていたのは寂しい時の喜びです。普通の人にもぼくのハンディの寂しさを分かってもらえる詩です。生きていくのも大変はもっともだ！　ぼくも苦しいと何もできない時がある。でもぼくはみんなに愛されているから、強くもっと優しくなりたいと思う。何も手を動かすのも難しい。人の手も、ぼくの喜びになる手を持ってください。ぼくもたくさん話したい。手を持ってくれないと、ぼくの話は伝わらない。手を持って！　ぼくの話を伝えたい。ぼく普通の子どもになりたい。ゆっくりと普通の子どもになる夢を持っていたい。話が伝わったらぼくは嬉しい。詩はみんなの心へ、ぼくたちの気持ちを伝えてくれる。難しいことは何もない。
偏見と戦うのははかない！　ぼくは戦わない。愛していきます。ぼくの願いだ！

（二〇〇二年七月二一日）

純平君は、修学旅行で群馬県に出かけることになりました。彼の通う地域の学校の肢体不自由学級の旅行は、通常学級の子どもたちと一緒です。
その修学旅行のパンフレットを見せていただくと、なんと『星野富弘美術館』が旅程に入っているではありませんか。
重度の障害を抱えながら、懸命に文字盤で語る純平君を一行に含んだ修学旅行なら、障害についての絶好の学習の機会になるはずだと思って、そのことを純平君に尋ねてみると、事前学習もしていないし、星野富弘という人も知らないというのです。愕然とした私は、星野富弘について熱く語り、家に帰ってから、星野富弘の詩画集の言葉の部分をFAXで純平君の家に送りました。すると、ほどなくして、この返事がFAXで送られてきました。末尾の部分の「偏見と戦うのははかない」以下は、このことをめぐって、いささか語気を強めて学校を批判した私をたしなめた言葉です。

小さな手

お母さんが僕とひろき君を両手で抱っこした。

「純平見てみな、ひろき君の手ちいさいね、純の手が小さいと思っていたけどもっと小さいね」

ひろき君が僕の手をさわってきた。五百円玉ぐらいの小さな手！

小さいけれど自由に動く手！

僕の手ものんちゃんの手も自由に動かない手！

でも、夜お母さんとお風呂に入ったとき、「純平の手もりっぱになったね！」と言ってくれた。

早く自由に動きますように！


（二〇〇二年一〇月三〇日）

この詩は、純平君よりも一つ年上の望美さん（＝のんちゃん）の弟の話です。この頃、望美さんに弟が誕生したのです。気持ちがストレートに伝わってきます。

最後の舞台で

友達と一緒に素敵な舞台挨拶ができるのも、僕は今日が最後です。お母さんたちに見ていただけて嬉しかったです。踊りと歌はどうでしたか。

世界中の障害児たちもきっと楽しい舞台を作っていると思います。いつか僕は世界中の障害児たちと話をしに旅に出たいです。行き先は気球まかせっていうのも素敵でしょう？

僕の変な夢もこの舞台に託されています。自由に世界を回れる日を僕は実現したいです。世界の果てに降り立つ日まで僕は頑張って生きています。

有り難う、僕を支えてきてくださった先生方、そして大事な友達！　これで、僕の思い出が一つ増えました。みんなの思い出にもなりますように！

小学校生活の終わりの発表会の舞台に際して書かれた文章です。

かつて、地域の中学に行きたいと書いた純平君でしたが、養護学校への進学が決まっていました。この頃、胃からの出血が増えたりして、健康面での不安から、そういう選択を余儀なくされたのです。そのことをめぐる思いもこの文章の背後に見え隠れしているようにも思います。もちろん、生来の明るさを持った彼の夢は、自由に世界を駆けめぐっています。

二〇歳の自分へ

普通の大人になってますか。僕は話をしてますか。無論、普通のやりたいものをしていますか。素敵な大人になりましたか？　僕の今の夢は普通の子供になることです。とても辛い熱や血を吐くのは治りましたか。僕はとても今が辛いです。でも大人の僕は難しい本も読めるし、一人で好きなところへ行っていますか？

とても遠い外国へも行ってますか。僕のやりたいことは世界中の人と話をして僕の気持ちを解ってもらう事です。世界中の人と手をつないで幸せになることです。僕はもっと勉強して僕と同じような人を訪ねて行きたい。

会いたい人は僕、明日も会いたい。手をつないでくれる人です。楽しい話ができるといいな！　僕は好きな人たちに囲まれて生きていたいです。

僕は大学に行きたいです。二〇歳の僕は行ってますか？　もっと勉強して僕と同じような悩みを持っている人たちを助ける仕事をしたいです。二〇歳の僕はもっと難しい勉強をして頑張ってください。

今の僕も頑張って生きています。

（二〇〇三年二月）

この文章は、お分かりの通り、二〇歳の自分に向けて書かれた手紙です。

この頃、彼は、大学に行くことに、まだ一縷の望みを持っていたように思います。

残念ながら、彼は、養護学校では教科学習のグループに入ることはできず、その時点で、その夢が叶わないものであることに気付きます。その代わり、後で紹介するように、彼は高等部に入ると、時々大学の私の授業にやって来ることになりました。

そんな時、私は、学生たちに必ずこの文章を見せます。大学というものに対する彼の純粋な思いは、少なからず学生たちの心を揺さぶります。それは決して同情などではなく、学生たちが自らをもう一度問い直すよう、激しく心の扉をノックすると言ったらよいでしょうか。

最後に、高等部から高等部卒業後の彼の言葉のいくつかを紹介しましょう。

―大学の授業のレジュメの前書きとして―

目立たない　命　咲かせたいから　生きたいと　願っています。　手が　動かないけど　がんばっています。　いのちの　木に　花が　咲いてほしいから　大変だけど　がんばっています。　幸せ少ないと　思っていますが　小さな　幸せ　今　ありがたいと　思えて　がんばっています。　人と重ねて　愚は　したくないです。　残された　時間　先が　限られているので　旅が　したいです。　人間　花ある　人生　探したいものですね。

（二〇〇六年六月二三日）

障害は個性か？

都立町田養護学校高等部一年Ａ組　太田純平

障害を個性といったのは障害者からです。それは皮肉った言葉でした。社会と戦うための言葉でした。でもその言葉が障害者から離れて社会の定説になった時から、社会が障害者に対する都合のいい言葉になった気がします。

障害者はもう治りません。ぼくは中途障害ですがもう治りません。でも、みんなと同じように話もしたいしデートもしたいです。普通の命に返りたいです。日に日に弱る自分を見つめるのは、大変な勇気と悲しみが混沌とした世界を作り上げていきます。

障害とは命にも関わるほどの重い枷です。それを個性というのは、どう思いますか。ぼくは個性とは、たとえ障害者でも一人一人感じが違うように、性格の違いとか考え方の違いとか体格の違いとか、そういうものを個性というと思います。それは障害者も同じです。麻痺になって、速く過去へさかのぼり、家で起こった悲惨な病をなくしたいと今でも思います。前向きに生きたいと思うけど、いつもくじけてしまいます。

もし、あなたが、明日から、しゃべれないし動けないしトイレにオムツになったらどうしますか。

僕のようになってもあなたは簡単に個性だと言いますか？

校長先生が卒業式の時に、障害を個性とするには皆さんの理解と努力が必要ですと言ってたけど、話は簡単ではないと思います。これは、同席した役人や他の学校の校長先生に言った言葉です。この言葉の中にも皮肉とお願いと半ばあきらめの感情が入り混じっている気がしました。きっと昔の障害者も障害は個性だと言って強がって言ったのでしょう？

戦い続けてもぼくは仕方がないと思います。皆さんの理解と同じ人間だという気持ちが定着したら個性だという言葉も消えると思います。


この文章は、純平君が高等部一年生の時に私の大学の授業に参加するために書いたものです。

大学への進学が難しいという現実に、中学部の間に気付いていったと書きましたが、彼は、ともかく大学を見てみたいという希望をあわせて語るようになりました。

すぐにでも大学を見せたかったところですが、大学と養護学校の年間スケジュールを比較すると、大学の休みの方が長いので、大学に来るためにはどうしても学校を休まなければなりません。

学校を休んで大学に来るというのは、義務教育段階では避けた方がいいだろうと思いました。また、こちらの方が大きいことですが、大学に来て学生たちと向かい合うということは、自分の存在をさらすことでもあります。学生たちのまなざしには様々なものがあるでしょう。そうしたまなざしを引き受けて堂々と自分を主張できるためには、高等部を待った方がいいと思ったのです。

そうした配慮が正しかったかどうかそれは分かりませんが、いずれにしても、高等部を迎えたのを機に、私も積極的に彼を大学に誘ったのです。すると彼は、文章を用意すると言い始めました。そして、その頃、彼が最も心にかかっていた話題を文章にしたのでした。

彼は、その頃、私に会うたびに、繰り返しこの話題を持ち出しました。私も、知っている限りのことを彼に話しました。この言葉を言い出したのは誰なのか、それはどんな目的があったのか、そして、その言葉はどのように使われるようになったかなどです。

彼との対話を通じて、私も、彼がいったい何にこだわっているのかがよく分かるようになりました。

「障害を個性という言葉で片付けられたくない」

私は、彼の主張をこのような言葉で受け止めました。

私が関わっている人の中には、障害を個性と考えるようになって生きるのが楽になった、という人もいます。ですから、この言葉は、誰がどのような文脈で使うかということで、その意味が大きく異なってくる言葉だと思います。そして、彼の主張は、一つの考え方の核心を見事に言い当てているように見えました。

授業では、彼はこの資料に加えて、自己紹介など、いろいろなことを語りました。

彼としては、みんなの考えを聞きたいということでしたが、みんな「障害は個性」という言葉をそれなりに肯定していたにもかかわらず、誰一人この意見に反論できる人はいませんでした。しかし、学生たちは次々に挙手をして自分よりも年下の少年の語った言葉に感想を述べました。学生たちは、確実に、自分たちとは全く違った人生を懸命に生きている純平君に圧倒されながら、必死に向かい合おうとしていたと言ってよいでしょう。

いったいどんなドラマが生まれるか、全く予想もできなかった授業は、結果として大成功だったと思います。

そして純平君は、高等部在学中には、毎年一回の割合で大学を訪れ、学生たちと対話を続けました。

次の文章は、彼が高等部二年の時に用意した文章です。

僕は0になりたい

僕は、すみれで他の障害児と過ごしていました。すみれの時は、みんな似たり寄ったりだと思って、飛び抜けてすごい子もいなくて、みんなこんなもんだと思っていました。保育の先生も、分け隔てなく一人一人に向き合って遊んでくれて、自分の順番を楽しみにしていました。

僕は小学校を自分で選びました。養護には行きませんでした。そこで差別ということを学びました。試験のようなものがあって、僕は手も足も動かないのに、「自分の名前のところへかばんをかけなさい」と言われました。そんなの無理に決まっているじゃんよ。それから、おもちゃのナスとイチゴとリンゴの入っているカゴから先生の言ったものを取り出せと言われました。物をつかめない僕は、条件を変えてもらいたかったのに、先生はそんなことにも気付きませんでした。絶対入ってくるな、とはっきり言われました。運動会も出さないし、校外宿泊にも連れてかないし、もちろん、校内宿泊にも出さないと言われました。それでも入るのかと言われました。

運動会に参加させない理由は、鉄砲の音で発作になるからだそうです。でもそんな音は毎日ある音と同じくらいのものなのにね。本当に途中で帰されました。僕はお兄ちゃんの学校の運動会にその後行って、お兄ちゃんを応援しました。

校外宿泊も、校医の先生が駄目と言って行かれませんでした。前の日に高瀬先生に見てもらって、この程度の胸の音なら絶対いいよと言われるよと言ったのに、変だよ。

これってさ、なぜ僕は差別の対象になるんでしょうか。いじめなのでしょうか。みんなこんなことをされたら、どうしますか。それからは諦めるということを学びました。

僕にも楽しいことができました。川崎先生の出現です。川崎先生は、僕の言葉をくれました。柴田先生が僕にあいうえおを教えてくれてるのを知って、僕にボードを作ってくれました。嬉しかったです。先生にも僕を信じてくれる人がいたからです。柴田先生以外で、僕の言葉を信じてくれた初めての人でした。学校でいっぱい話しました。楽しかったです。でもやっぱり行事には参加できませんでした。川崎先生の次は早川先生が僕のボードを引き継いでくれました。僕はいっぱいその時から勉強が始まりました。九九も時計の勉強も、ものの単位の勉強もいっぱいしました。日記も書きました。これが勉強なんだと初めて知りました。こんなことがとても嬉しかったです。

僕には、何人かの理解者とたくさんの信じてくれない人とたくさんの友だちに支えられてきました。尾関先生がボードで僕に難しい本の感想をたくさん書かせました。生きる意味とか、人の優しさなどのことを、いっぱい尾関先生と話しました。会いたいです。

僕は本当は、地元の中学に進みたかったのに、お母さんが勝手に養護に決めました。それは、僕が吐血をするようになって、無理をさせたくないと思ったからです。でも、僕は嫌でした。障害児ばかりの区切られた世界に、こんなに早い時期から何で入らなければいけないんだよ、もっとたくさんの友だちが欲しいです。案の定、僕は高校二年生ですが、メンバーは中学からあまり変わっていませんです。

障害児のことを、みんなどのように考えていますか。僕たちは、なぜ普通の教育を受けるのが難しいのでしょうか。僕らの権利は、みんななぜ耳を傾けてくれないのでしょうか。春を待ち遠しく思った入学なんてひとつもなかったです。

忘れないでよ。僕らもこの世界に生きているんだよ。世の中は普通の人にもきついですか。僕らが普通に生きていくのは、とても大変なのに、それ以上に摩擦が大変です。一七歳の夏にみんなと僕の生きざまを話せることに、僕はとても有意義な時間を見つけたと思います。みんな養護のことを知ってますか。普通に勉強ができる子もいれば、病気が重くて生きるだけでも大変な子がいます。ろくに話せないとね、先生にさえ気持ちが伝わらなくて、とてもつらいときがあります。やっぱり話せるっていいよね。僕も声が欲しいです。

たくさんの人がこのことを考えてください。たくさんの障害者がみんなと友達になりたいと思っているよ。二〇歳になったら、僕は大学生になっているものだと子供のときは思っていたけどね、この間、療育園というところへ実習に行って、ああここが僕の終の棲家と思って、また限られた世界に死ぬまで放り込まれるのだと悲しくなりました。

僕はもっと勉強して世界中の人と障害者の生活を考える旅に出るのが夢です。それにはたくさんの人の力を借りなければなりません。みんなも貸してください。

0ってね！何にもないんじゃないんだよ。これから始まる意味さ。どんなことも受け入れることができる数字だよ。僕は、0でいたいです。

町田養護学校二年A組　太田純平

ユーモアをまじえて彼は、自分の生い立ちをまとめてきました。

学校を卒業後、純平君は地域の療育施設に通所を始めましたが、同時に、大学にも、繰り返し足を運ぶようになりました。

ちょうど、この頃、私の勤務先では、新しく人間開発学部というものが誕生し、私はそちらの専任に移りました。その一期生の一年生にとっては、純平君は同い年になるわけです。そんな彼が、最初の授業で次のような自己紹介をしました。

みなさんこんにちは。僕は太田純平といいます。自分では話せないので機械で話します。実は僕はみんなと同じように大学に通いたかったけど、願い通りにはいきませんでした。日本という国では、僕のような障害があると、勉強はさせてはもらえません、なぜかというと、僕のような子どもは、ちゃんと考えているとは思われないからです、

自分の意見を持っていても、なかなか聞いてもらえません、なぜかというと、僕たちは意思表示ができないからです。人間は意思表示ができないと理解さえしてもらえません。自分の気持ちを言えないと、昔は、何も分からない人として、みんな施設に入れられたまま、楽な生き方を強いられていました。過去とは違いますが、今でも願い通りにはいきません。

小さい時から、人間として生きたいと思ってきましたが、僕らを人間として見てくれる人は少なかったです。愉快なこともたくさんありますが、なかなか思うようにはいきません。聞きたいことがあったら聞いてください。小さいことでもいいですから。苦労しているのは、自分のことをなかなか分かってもらえないことです。びっくりするかもしれませんが、よく分かってくれる人は、ほんのわずかです。

特別な準備もなく、いきなり語った言葉ですが、率直な彼の思いが語られています。学生の中には同い年の学生も多く、食い入るように同世代の青年の言葉に目を凝らしていました。

ところで、この時、彼の通訳をしたのは私自身です。五〇音の文字盤を指さす方法は、お母さんにかなりの負担を強いるということと、書いた文章をそのままプロジェクターで映し出すことができるので、試みにパソコンを使ってみたのです。

この後、学生たちは、いろいろな質問を純平君に投げかけました。「つらいことは?」「楽しいことは?」「好きな映画は?」と続いていきます。

はじめ、このやりとりもパソコンでやりましたが、どこか対話的雰囲気が出ないので、お母さんの文字盤のコミュニケーションに代わっていただきましたが、方法のせいなのか、通訳者のせいなのか、こちらの方が話し言葉のようになり、対話の臨場感が出たようです。

小学二年の時に、パソコンで始まった彼のコミュニケーションでしたが、ほどなく五〇音の文字盤によるコミュニケーションに代わり、長い時間が経過しました。そして、まさか、パソコンのスイッチの援助の方法が進化してスピードが上がり、一〇年近い時を経て、五〇音の文字盤にもう一度追いつくなどということがあるとは思いも寄りませんでした。長い歴史を感じないわけにはいきません。

2 八巻緩名さんのこと

純平君のことは、ここで紹介する八巻緩名さんの言葉の世界を発見するまで、私たちにとっては例外的なものでした。

重症心身障害と呼ばれる状況は、そもそも、発達の重篤な遅れに原因があると考えられているわけですが、純平君は、たまたま身体の障害が重いだけで、発達の遅れは伴っていないのに、見かけの姿に惑わされて重症心身障害者の中に交じっていたというふうに考えていたわけです。最近「見かけの重度」という言葉を目にするようになりましたが、まさに、この言葉のように、私たちも純平君を見ていたのです。

ところで、純平君の言葉をパソコンで引き出した経験は、あちこちで役に立つことになりました。「はい──いいえ」のコミュニケーションが確立しておらず、寝たきりと言われるような重い障害を抱えていても、目の動きなどから言葉の可能性を感じられるお子さんであれば、純平君と同様の方法で、言葉を引き出すことが可能となったのです。そして、少しずつですが、この子は難しいのではないかというようなお子さんの中にも、文字が綴れたという例が見られるようになってきました。

私の中には、言葉の表現が可能な子どもとそうでない子どもとを分ける境界線のようなものがあったわけですが、それがどんどん後退していくというような感じでした。

しかし一方で、やはり言葉は無理なのではないかと改めて感じざるを得ない子どもたちがいたのも事実です。

私は、長い間、障害の重い子どもたちと関わる中で、言葉などなくても人はとても豊かだという考えを自分の仕事の中心に据えるようになっていました。ほんのわずかであっても、感覚を研ぎ澄ませて生み出される運動に出会った時の深い感動を何度も体験してきた私は、言葉の世界がどんどん切り開かれていく一方で、こうした言葉のない世界の素晴らしさの価値が少しでも減じられてしまってはいけないという思いも強くしていました。

そして、八巻緩名さんは、そのことを最も強く感じさせるお子さんだったのです。

緩名さんとの初めの頃の関わり合いでは、自発的な手の動きを引き出すことで、とてもいい関わり合いをすることができました。

緩名さんは、全身の体の動きがほとんどないため、自分でできる日常の動作は全くなく、話しかけても表情は乏しく、はっきりとした反応が返ってくることはありませんでした。また、自分では姿勢の変化もできないので、仰向けに体を横たえたまま一日を過ごしていました。私たちは、そういうお子さんに対して、わずかでも動くところが見出せれば、何らかの関わり合いができるということを経験的に分かっていたので、まず、それを探しました。

緩名さんの場合、それは右手でした。ほんのわずかでしたが、手には力がこもって小さな動きが起こるので、そこに、わずかな力で入るいろいろなスイッチを提示し、様々な音源につなぎました。すぐに笑顔が見られたわけではありませんが、緩名さんが確実に集中していることは、その表情などから伝わってきました。

それから、姿勢を起こすという働きかけへとつないでいきました。初めからそのことは意識していたので、できるだけ体が起きるように抱きかかえていたわけですが、そこに椅子と机を使って座位をとらせることにしました。もちろん一人で座るのは無理なので、後ろから支えるのですが、腰を椅子という安定した場所に据え、足を床に着け、肘を机につくという姿勢をこちらが作ってあげると、緩名さんは自分で体を起こそうとして、足を蹴るように踏みしめ、肘を突っ張るようにして体を起こし始めたのです。

この時、一方の手に手前に引くスイッチの取っ手を触らせると、体を起こそうという動きに合わせて手を手前に引き始めます。起こそうとする時の上半身の動きと手の動きが連動すると、手の動きは大きく力強くなります。こうして体を起こすことと手の動きとの密接な絡み合いが生まれてくるのです。首を少し支えてあげると、ぐっと上半身を起き上がらせ、ほぼまっすぐな座位もとれ、運動はいっそう大きくなりました。

最初にこれができた時、緩名さんはとても晴れやかな顔をしました。寝たきりと呼ばれる緩名さんが、支えられてではあれ、自分で体を起こし、手を上手に使ってスイッチを操作する姿は、とても感動的なものでした。年長クラスの年齢の頃のことです。

私たちの仮説では、この手の動きをさらに多様にしていくことで、いっそう姿勢は安定し、この姿勢の安定がさらに手の動きを多様にすると考えていました。ところが、一年生の冬に風邪をこじらせてから、体調のすぐれない日が続くようになり、仮説通りにはいかなくなってしまいました。しかし、手を動かそうとする意志は決して弱まることなく、どんなにぐったりしているように見えても、スイッチに触るとぐっと力を入れてきたのです。手の動きは容易には広がってはいきませんが、何とか結果に変化をつけようと、スイッチをパソコンにつないで、いろいろな音楽や画像が出るようにしました。よく見えているかどうかも分からず、また、どの音楽に特に喜びを感じているかも定かではありませんでしたが、がんばり続ける手の動きだけが頼りでした。

そういう関わりを続けているうちに、医者からは、健康面から胃瘻（流動食を直接胃に開けた穴から摂取すること）と気管切開を勧められるようになりました。体を傷つけることに、ご家族も相当にためらいをお感じだったようでしたが、三年生になり胃瘻、気管切開の順に手術をして、四年生の四月には久しぶりに元気な姿を見せてくれました。

私たちは、せっかく元気になった緩名さんに、何か新しい取り組みができないか考えました。といっても、そんなに選択肢があったわけではありません。一つ思い付いたことは、スイッチを操作した時に言葉が出るようにしようということでした。

これは、緩名さんが言葉を理解しているというふうに考えたわけではなく、人の声は、日常生活に刺激としてあふれているので、それを利用するのもいいのではないかという考えと、実は、万が一、緩名さんが言葉を理解していたなら、そういう関わり合いから何か手掛かりが得られるかもしれないという考えからでした。しかし、あくまで万が一であり、ほとんどその可能性には期待していませんでした。

そして、人の声の教材として、ワープロのソフトを出してみることにしたのです。二〇〇四年の六月のことでした。

人の声なら名前がいいだろうと思ったので、一緒に名前の文字を選択することにしました。緩名さんの得意な動きは手前に引くことでしたから、その動きで行や行内の文字が送られていくようにスイッチを設定し、行や文字の選択の決定はこちらが行うようにしました。

私たちの考えでは、緩名さんにとって人の名前は、チャイムを鳴らしたりするのと同じで、チャイムの代わりに「あいうえお」「かきくけこ」と音声が流れるものの、緩名さんがその音声を言葉の要素として理解していなくても別段かまわないと考えていたのです。そうして、「かんな」という三文字を選び、読み上げのキーを選んで名前を発声することにしました。名前については、言葉として理解していなくても、親しい響きと感じてくれるだろうという思いからです。

終始、緩名さんは集中していました。そして、「かんな」と一緒に文字を選択した後も、スイッチを引く動きを、続けて起こしてきました。そして、その動きが時々止まるのです。

私には休憩にしか見えませんでしたが、私の妻の方は、それを選択として捉えて、決定のスイッチを押してあげました。

そういうやりとりを繰り返しているうちに「はすき」という三文字が画面上に並んだのです。その文字だけを見ているとまさに無意味な文字の羅列にしか過ぎません。しかし、最初から通してみると「**かんなはすき**」となります。これは、まさしく一つの意味を持った言葉でした。

私はとても混乱しました。

そもそも言葉を理解していること自体が納得し難い上に、仮に言葉が分かっていたとしても、たいした説明も練習もしていないのに、いきなり文字を選択するということが、理解できなかったのです。

帰りの車の中で、私は妻に問い詰めるように、「あなたが選んだんだろう」と言い、「私はやっていない」と言い返され気まずい空気が流れたのを覚えています。

緩名さんが文字を綴ったということは、私にはどうしても納得がいかないままでしたが、もし本当だとするとこんなに素晴らしいことはないし、このことは、絶対に確かめなければならないと思っていましたが、七月、八月の関わり合いではうまく確かめることができませんでした。

そして、九月二四日を迎えました。

さすがに今回はきちんと確かめなければ、という思いを強くして臨んだのですが、まだ納得のいかなかった私は、先に音楽の伴奏のソフトを出しました。これは、スイッチを押すたびに、あらかじめ組み込んでいた和音が順番に鳴るというもので、同じグループの唯野瞳さんがとても興味を示したものだったので、まず出してみたものです。

瞳さんもとても重度と言われている方ですが、緩名さんに比べると腕の動きなどが大きく、また、表情も出しやすい方です。その方が納得してやっているものができるかどうか、それを確かめないと、私自身は先に進めなかったのです。

しかし、残念ながら、緩名さんは全く興味を示しませんでした。以前の緩名さんならこの場面設定なら、力強くスイッチを引いていたはずです。

私は体調の問題でもあるのかと思いました。しかし、その後起こったことから考えると、明らかに彼女は、ワープロが出てくるのを期待していたのです。もし、話すことができたなら、「ワープロを早く出してよ」と言いたかったところでしょう。妻の方は、「緩名さん、つまらなそうだから、ワープロをやろう」とあっさりと言ってきて、私もその言葉に従いました。

このときの様子がビデオにおさめられています。

もう何度も繰り返し見返したビデオですが、ワープロの画面を出した瞬間に彼女の顔はぱっと輝き、視線もパソコンにしっかりと注がれました。きっと彼女は、三か月間、この時を待ち続けていたのでしょう。

この時、緩名さんの手に握らせたスイッチは、短い距離のスライドスイッチで、両端にスイッチが付いており、引くと行や文字が送られ、押すと行や文字が確定されるという仕組みになっていました。緩名さんは、小さな動きではありますが、確実に取っ手を引いてきます。そこで、引く方の動きは緩名さんに任せておいて、こちらは名前が選ばれるように適切な場所でスイッチの台の方を動かして反対側のスイッチを入れ、行や文字を確定していきました。そして「かんな」という三文字を選択したのですが、途中で緩名さん自身が押そうとする力が感じ取れたのです。

今までの関わり合いでは、すべて手前に引く操作だけでしたから、向こう側へ押す運動が起こっただけでも驚きだったのですが、そのまま緩名さんの動きに任せていると「かあさ」という三文字が選択されました。

緩名さんの押そうとする動きがあまりにもはっきりとしていたので、これが偶然とは思えず、私の中で、「緩名さんは言葉を分かっている」という思いがじわじわとわき上がるとともに、たぶん、次に来るのは「ん」だろうという予測も立ちました。ワープロの並びとして、「かあさ」は、どれも最初の三行の行頭の文字ですので、偶然ということが仮にあったとしても、「ん」が選ばれるには、この当時の使用したプログラムでは、一一回引いて一回押し、二回引いて一回押すという操作が必要になります。もはやこれが偶然選ばれるということはありえないわけです。少し大げさな言い方になりますが、私はこの時、もし「ん」が選ばれたら私の考えが根底から崩される、ととっさに思いました。そして、見事に緩名さんは「ん」を選んだのでした。

さらに緩名さんは、「か」を選び、それに濁点をふったのです。めったに笑顔を見せることがない彼女に、この時、にっこりとした微笑みが浮かびました。私たちは、そのときには、それぞれ手や画面に集中していて気付かなかったのですが、ビデオははっきりとそれを記録していたのです。大きな大きな達成感だったのでしょう。

こうして綴った文章が「**かんなかあさんがすきめいわくばかり**」という文章でした。

後半の言葉には本当に胸を打たれました。

初めて発した言葉といっていいものが、自分の欲求でもなく、不満でもなく、母への感謝の言葉だったのです。

言葉を知っていたこと自体大変な驚きではありましたが、こうした深い思いを抱えているということには、さらに驚きを禁じ得ませんでした。

こうして、新しい扉が開かれました。

開いたのはもちろん緩名さんです。どんなに障害が重くても、言葉の可能性を前提に関わらなければならないということを、この日、はっきり思い知らされました。

そして早速、これまでその可能性を感じきれず、直接言葉を引き出す関わり合いをしてこなかった方々へ新たな取り組みをしないわけにはいかなくなりました。そして、このかりんくらぶだけでも、半年の間に三人のお子さんが文字を綴れるようになりました。

さて、緩名さんのその後ですが、一〇月二二日は、緩名さんのことをある研究会で発表した後だったので、了解してもらうために、映写したビデオを見てもらいました。「**そちこちで、みせあっているのへいき**」というのが緩名さんからの返事でした。

一一月二六日は、引いたり押したりするために緩名さんが入れたわずかな力をも読み取れるようになりました。その結果、実際の動きが途中で止まっても、わずかな力を読み取って援助できるようになり、文章が長くなったのですが、再びお母さんへの深い思いを込めたメッセージが書かれました。

「**ぜったいしじするかあさんががんばってきたことおひさんのようなかあさんがやっぱりじぶんはあいしています。そうわるいことばかりではないよ**」

「しじする」ということがいったい何を意味するのか、定かではありませんでしたが、一つ思い当たることがありました。

それは、緩名さんの胃瘻や気管切開をめぐるお母さんの逡巡です。

お母さんはお医者さんから、緩名さんの胃瘻や気管切開を勧められていました。しかし、体に傷を付けることや、食べる楽しみを奪ってしまうこと、そして、特に気管切開については、夜中に時々声を出して呼ぶようなことがあり、それだけが唯一の彼女との声によるコミュニケーションだったので、それを奪ってしまってよいのかというような思いから、迷い続けて、毎回のようにそれを口にしておられました。それでも、緩名さんが元気になるのなら、と、迷った挙句の決断だったのです。

そういうお母さんの苦しみをいちばん近くで見ていた緩名さんだからこそ、そういう言葉をかけたかったのかもしれないと考えると、その意味がよく伝わってくるように思いました。

一二月二四日の文章は、一転して、生活のことになりました。「**ねふらいざーがちゃんときるーいすーなえるしせきがですぎる**」がそれです。

その日、寒かったこともあって、痰のことが話題になり、痰を切れやすくするためのネフライザーという器具の話をしていて綴った文章です。椅子に座っているときはネフライザーのスイッチは切ってほしい、萎えてしまうし咳も出すぎるからという意味でした。「ー」は、長音の記号を括弧の記号のように選んだものです。ネフライザーの話を書き始めたので、横でお母さんといろいろと意味を推測していたときに、夜寝ているときのことではないかと話していたら、「いす」と付け加えたものでした。こうしてほしいという自分の欲求を初めて述べたわけです。これからは、こうした緩名さん自身の言葉によって、少しずつでも生活が変わっていけばいいと思いました。

ところで、お母さんが実際に、緩名さん自身が綴っていることを確信なさったのは、この日の関わり合いにおいてでした。

手を支えられた状態で起こす小さな動きで文字を選んでいくということは、離れたところから見ると、なかなか本人がやっているようには見えないことと、綴った内容が、あまりにもお母さんの抱く緩名さん像とかけ離れたものだったからのようですが、この日は、後ろからの支えをお母さんにお願いしたところ、お母さんにも緩名さんの動きがはっきりと伝わってきて、間違いなく緩名さんが綴っているということを理解していただけたのです。

しかし、残念ながら、緩名さんとの関わり合いはこの日が最後となりました。二〇〇五年二月二〇日、緩名さんは突然帰らぬ人となりました。

一月は入院のために会えず、二月は二五日に会える予定でした。私たちの力不足でずっと言葉の存在に気付かなかった分も含めて、これからたくさん語り合っていこうと考えていた矢先の出来事だっただけに、激しい無念の思いに駆られるとともに、私たちの遅すぎた関わりが悔やまれてなりませんでした。

翌日、緩名さんのお宅を訪ねました。

日取りの関係で、お通夜は翌々日になっていたので、お宅はむしろ、すべてが嘘のような穏やかさに包まれ、そこに横たわる緩名さんも、いつでも目を覚ましそうな普段の寝顔のままでした。その緩名さんの中には、これから語るべき言葉が無限に詰まっていたはずなのに、その扉を開く鍵を私たちは永遠に失ってしまったということが、どうしようもなく理不尽に思われました。

私は、緩名さんがかたちにした言葉をご両親にお渡ししましたが、その時、お父さんが心の底から発した慟哭を決して忘れないでしょう。

緩名さんが生きているということ、そのことだけを喜びにしてこれまで生きてこられた、とお父さんはおっしゃいました。そして最近、緩名さんが言葉を綴り始めたということで、それならパソコンも買って、必要なスイッチがもし手作りしなければならないものならば、ご自分でお作りになるつもりで、実は二月二五日に私たちのところへご一緒される予定だったのです。返す返す無念でしたが、私たちに、もはやなすすべはありませんでした。

少ない言葉でしたが、濃密な言葉を緩名さんは残していきました。それは、ご両親の胸にはひときわ深く染みわたっていくものだったと思います。

そんな悲しみの中でようやく一つのことに気付くことができました。それは、緩名さんが、大きな贈り物を私たちに残していったということです。

緩名さんのおかげで私は、自分の考えを根底から見直すことができ、既に述べたように、それまでこうしたパソコンによる言葉の表現は不可能と思っていた三人のお子さんの可能性に気付くことができたのです。

そこで、かりんくらぶのみんなに、緩名さんが亡くなったことについて気持ちを聞かせてほしいというお願いをしました。この時それに答えてくれたのは、その三名を含む六名のお子さんでした。最初は、すでに紹介した純平君のものです。(原文はひらがなのみ。句読点なし)

僕の小さな友達が亡くなりました。八巻緩名ちゃんです。僕は今までに亡くなった人へ全校生徒で集まって、ご冥福を祈る方がみんなに知ってもらえて八巻さんは嬉しいと思います。

僕らの死はいつも大変なことです。やはり生徒たちも知って当然で、みんなで感じて生きる意味を考えるときだと思います。悲しむべきことです。

たくさんの友達に冥福を祈ってもらいたかったと思います。昨日まで一緒に勉強した友達だから一瞬にして忘れ去られるのはつらかったと思います。生徒の中にも僕と同じ気持ちの人もいると思います。もっと生徒にも気持ちを表す機会を下さい。もっと八巻さんのことを知ってください。八巻さんは自分の言葉を持ってたのにみんなに知ってもらえなかったです。やっと声が出た八巻さんに天国ではいっぱい自由に話せよとみんなで祈る機会を下さい。

（二〇〇五年二月二五日）

この日、純平君は、僕は夕べは一睡もできなかったと乱れ打ちのように思いを文字盤で綴りました。あまりにも激しい感情のほとばしりに、彼の本当に言いたいことがなかなか伝わってきません。そのうち、ようやく、緩名さんの死が学校できちんと取り上げられなかったことに対する不満があることが分かりました。彼は、どうすればいいのかと私たちに詰め寄りました。もちろん、学校でもそのことの紹介はされたようなのですが、子どもたちにショックを与えることを恐れて、さらりと流されたのだと思われました。

しかし、確かに、純平君の言うことは間違っていなかったので、先生に手紙を書こうということになりました。すると、それまでの乱れ打ちのような言葉から一転して、この文章がさらさらと書かれたのです。学校という場では難しいのかもしれませんが、命というものに真っ正面から向かい合いたいという純平君の思いから決して目をそらしてはいけないと痛感しました。

また、結びの方には、せっかく言葉を話せたのに、そのことが理解されなかった緩名さんの無念の思いが代弁されています。私たちは、緩名さんが言葉を持っているということを公表するのに、慎重な姿勢をとっていました。いきなり緩名さんが言葉を表現できるということを伝えても理解してもらえないのでは、と思ったからです。残念ながら、緩名さんの亡くなった後も、学校では、この事実が広く受け入れられることはなかったようでした。

次の文は、緩名さんがきっかけになってパソコンで言葉が表現できるようになった瞳さんのものです。一月にようやく綴ることができて、この日は、三度目の文章でした。（原文はひらがなのみ。句読点なし）

緩名さん、悲しかったよ。このままずっと一緒にいいお友達でいたかったよ。

（二〇〇五年三月一一日）

同じく、緩名さんがきっかけとなって文を綴れるようになった、はるなさんの文章です。はるなさんとは、緩名さんのお通夜でもお会いしました。バギーに座っていたはるなさんを抱きかかえて緩名さんの棺まで行き、一緒に最後のお別れをしました。その帰り際、もしよかったら今度会うとき、緩名さんへの言葉を書いてね、とお願いしておいたのです。これは、はるなさんが四度目に綴った文章になります。（原文はひらがなのみ。句読点なし）

はるな、緩名さんの死を悲しいと思った。

（二〇〇五年三月一一日）

瞳さんもはるなさんも、文としては短いものですが、深い思いがこもっていたのだと思います。当時は、まだ、私たちの技術も未熟でしたから、これだけの文字を読み取るのに精いっぱいでした。

次の文章は、学校では緩名さんと同じグループにいて、毎日一緒だった少年の言葉です。彼もまた、緩名さんをきっかけとして文字を綴り始めた一人です。この日が二度目の言葉ですが、文になったのは最初です。ちょうど、緩名さんのお母さんがご挨拶に見えていて、そのそばで書いた文章でした。（原文はひらがなのみ。句読点なし）

これから、会うのができないの、会えなくて毎朝寂しいね。忘れない、緩名ちゃんのことを。〇〇くんより弱いママへ｜泣かないでね。

（二〇〇五年三月二五日）

最初の一文字を選び出すのに、彼は大変苦労しました。彼は、スイッチを繰り返し押すことはできるのですが、ちょうどよいところで止めるということも難しいし、一回だけ押すということも難しいので、どの行や文字を選ぼうとしているのかが、私たちにはなかなか伝わってこないのです。しかし、大変強い気迫が彼の表情や運動からひしひしと伝わってきて、私たちも懸命に彼の運動の中から選択の意図を読み取ろうと努めました。

ようやく最初の一文字が選ばれるまでに彼が押したスイッチの回数は、二〇〇回を越えていました。そうして紡ぎ出された文章は、毎日、医療的ケアのために学校に来られていた緩名さんのお母さんと会っていた彼ならではの文章でした。「弱いママ」とはかたわらで彼の文章を見守りながら涙を流し続けておられた緩名さんのお母さんのことです。

次の文章は、緩名さんが文字を綴る前に、すでにパソコンで単語を綴る練習をしていた藤村元気君のものです。毎回、言葉を決めて練習をしていましたが、今回は、私の方から内容を提案しました。いつも書く言葉に納得をしないと、手を取らせてくれない元気君でしたが、さっと応じてきて次の一文ができました。（原文はひらがなのみ。句読点なし）

緩名さんさようなら。　元気

（二〇〇五年二月二五日）

そして、この日の様子が自分で言葉を選べそうな印象だったので、その次の回からは、言葉を決めずに自由に書いてもらうことにしたのですが、三月には「**そつぎょお**」という単語を自ら綴り、元気君もまた、気持ちの表現の世界へと歩みを進めたのです。

小学校に上がる頃から歩けるようになり、単語で意思表示ができるようになっていた伊藤柚月さんは、早いうちから文字の学習を進めてきました。階段を一歩一歩踏みしめるようにして、ひらがなを読んだり書いたりできるようになっていきましたが、文字で気持ちを表現することは、なかなかできませんでした。この時は、お母さんと家で言葉を決めて、きれいな便箋に鉛筆で次の言葉を書いてきました。（原文はひらがなのみ。句読点なし）

緩名ちゃん一緒に遊びたかったね。　伊藤柚月

（二〇〇五年四月）

その柚月さんも、今ではパソコンですらすら気持ちを綴れるようになっています。柚月さんがパソコンで気持ちを綴ったのは、二〇〇八年の秋のことです。緩名さんが文字を綴ってから四年の月日が流れていました。

この時、もう一人、追悼の言葉を寄せてくれた三坂俊平君という少年がいます（第一章参照）。二〇〇四年の一月からパソコンで気持ちを綴り始めた少年です。彼は実際には緩名さんに会ったことはありませんが、緩名さんが文字を綴った直後の研修会で私が紹介した緩名さんの話をお母さんから聞いて、緩名さんのことを知っていたのです。

そして、緩名さんが亡くなった日の二日後、彼の学校を訪問した際、たまたま廊下ですれちがったので、「緩名さんが亡くなった」と告げました。やりとりをする時間はなかったので、後日メールで緩名さんの記録を送りました。

それをしっかりと受け止めた三坂君は、お母さんを通じてメールを送ってきました。なお、三坂君は、パソコンで文字を綴れることが分かった後、日常生活では、お母さんが「あ、か、さ、た、な」と聞いていって本人が選択したい文字のある行のところで合図を送り、さらにその行の文字を読み上げて選択したい文字のところで合図を送るという手段で会話ができるようになっており、お母さんとの間では時間を節約するために、独特の短い表現を使うようになっていました。

「緩名さんの言葉」添付ファイル拝見致しました。俊平と一緒に見ながら話しました。以下、俊平より緩名さんへのメッセージです。

「かす　すてぬ　そ（う）たえ　いけ　え　き　けっかね　そむく　く　みぬ　し　そ（う）く」

（貸す　捨てぬ　そう　耐えいけ　絵　気　結果ね　背く　苦　見ぬ　詩　そう苦）

俊平は、理解してもらえない地下の状況を「貸し」だと思っているので、緩名さんが今まで文字で表現できるようになるまでは「貸し」だった。皆に理解してもらえるようになり、これからだったのに…貸しを捨ててはダメだよ。そう頑張っていかなくちゃ。絵（緩名さんの写真を見て）、結果ね、背くやり方（亡くなられたこと）は本当に辛い。これから、まだまだ緩名さんの気持ちを詩で知りたかったのに…そう残念で苦だよ。ということだと思います。

同じ経験を持つ仲間として、緩名さんに頑張ってほしかったのでしょうね。本当に残念です。

子どもの死はあまりにも理不尽で、私たちはただ沈黙するしかありません。しかし、同じ立場にある仲間同士だからこそ、分かり合えるものがあるはずで、そのことから目を背けてはいけないのではないか。その思いだけで私は、仲間の死について語ってほしいという、残酷かもしれない問いを彼らに投げかけました。そして、子どもたちは、立派にそれに答えてくれました。

当時は、まだ私たちの力量が及ばず、純平君を除いては、短い言葉しか聞き取ることができませんでしたが、それぞれの言葉の中に深い思いが十分に感じ取れました。

最後に紹介した三坂俊平君は、二〇〇九年の四月に後輩が亡くなった際に、こんな文章と詩を作りました（原文はひらがなのみ。句読点なし。《　》で文字を補う）。

輝《ひかる》君へ

綺麗な言葉で希望とか期待する気持ちとか聞いて主（注：俊平君自身のこと）と同じだと思いました。

期待して希望捨てない生き方して叶うことしてきたのに、神の近くに行きたい思ったから神《は》連れて行ったと思います。

死ぬのはいつでもできるのに死なないで世の中の人《の》失礼《を》直して躾しないといけないのに、希望言って死ぬのは、滝に打たれて生きていくことから逃れています《と》言いたいけど、修行していつも頑張ったから「お上がりなさい」《と》神《に》言って頂いたと思います。

死と向き合いながら生きて「ちくしょう」しない生き方して、かある君（輝（ひかる）君の愛称）したいけど出来なかったこと《を》主《が》していつか行きますから待ってて下さい。

聞いていたら「追って行くしないよ。世の中の人躾したら行くよ」

さようなら。

小さい願いは願いのままに小さく空に消えた
未来の夢はなくなって　美はよい昔の魔法のように日常の中に消えた
天に行った昔の友は見たこともないミラクルを知らずに消えた
ぼくたちの的はつらい世の中だ
人間としての危機だということを世の中は知るべきだ
小さい命かもしれないが未来は誰にも等しく開けている
小さく分相応に生きるのはやめて敏感に頭を研ぎ澄ませ生きていこう
あしたは小さいみんなにも大きく開けているのだから

こうした思いを、みんな抱えながら毎日を生き、そして時として襲い来る仲間の死に向かい合っているのだということを、いつも肝に銘じておきたいと思います。

緩名さんが亡くなられた後、大工さんをしている緩名さんのお父さんからすてきなプレゼントが届きました。高さが自由に変えられて、持ち運びにも便利な二つの机です。机には、「From　かんな」と書かれています。私たちは、緩名さんのなしとげたことを土台として、今日も気持ちを語り合っています。

3　三瓶はるなさんのこと

はるなさんは、すでに紹介したように、緩名さんをきっかけとして文字を綴ることができるようになった方です。太田純平君と同級生で、私が最初に会ったのは、彼女が小学校一年生となった四月でした。

はるなさんは、三番目の染色体の一部に欠損があると言われていて、運動を起こすことにハンディを持っています。会ったときから座位をとることもでき、支えれば立つことも可能で、好きな物に手を伸ばすこともでき、自発的な運動を引き出すという当時の私たちの目的からは、関わり合いの手掛かりが分かりやすいお子さんのように見えました。しかし、なかなか思ったようには学習は進んでいきませんでした。

私たちは、はるなさんのように、物に手を伸ばしたり、握ったりできるお子さんには、ボールを缶に入れるというような学習をまず試みます。うまく入れることができれば、そこから内容を発展させていき、円形の穴に同じ形の板を入れるというような形の学習や、さらにその先の形の識別の学習へと発展できるからです。

しかし、いったん物を持っても、それをどこかに移動するということは、はるなさんには難しいことでした。

手の運動の軌跡だけ見ると、物に手を伸ばすことと手に持った物を移動することには、そんなに大きな違いは見られません。しかし、体全体を見るといろいろ違いがあります。

物に手を伸ばす時は、身を乗り出すように手と上半身が一緒に動いていればいいのですが、手に持った物を移動させるためには、上半身は安定させて目的の場所を見定めてから、そのまま上半身は止めておいて手だけを伸ばしていくことが必要になります。そして、目的の場所に近付いたら、肩と肘をうまく調整して目的の場所で手を静止させなければなりません。私たちにとっては何気なくできることですが、緻密な調整をもとにした行動であり、その調整が困難な人もいるわけです。

そこで私たちは、こうした学習の前段階として、輪っかを棒から抜き取る学習や、レールに沿って取っ手を移動させるスイッチの学習（この溝はカーテンレールのように溝からは外れないようになっています）などから始めました。こうした学習は、そのままつかんで力まかせに引っ張ってもうまくいかず、無駄な力を抜いて棒や溝に沿って輪っかや取っ手を動かすというところが重要で、こうした学習を通して、棒や溝の作り出す抵抗に対して、その抵抗が最も小さくなるような力の抜けた方向性を持った運動が獲得されることがねらいでした。

しかし、はるなさんは、そもそも軽く持つことはしても、強い力を入れるということがなく、棒や溝の抵抗に遭うと、そこで手を離してしまいました。スイッチの教材はいろいろ用意してあったのですが、結局はるなさんが納得してやれたのは、プッシュ式のスイッチやシーソー式のスイッチなどで、スイッチの上に肘などを置いて体重をかけるというものでした。抵抗に対する調整は、姿勢と深く関わっています。溝や棒の抵抗に対して方向性のある動きを起こすというのは、手の動きに合わせて上半身を柔軟に対応させなければなりません。おそらくはるなさんは、そうした姿勢に関わる調整が難しいのでしょう。体重をかけるスイッチだとなぜうまくいくのかもこれで説明がつきます。

しかし、こんなふうに説明ができても、どうすればいいのかという解決策はなかなか出てきませんでした。むしろ、こうした行動の状況を、発達段階的なものを示していると考えていた私には、このことを越えなければその先に行けないという発想が非常に強かったので、いかにして手の運動を広げて物を入れるというような運動につなげて、さらにその先の形の区別というようなところへいくか、ということばかりを考えていました。

もちろん目の前の状況を認めて、そのまま受け入れるべきであるということもよく分かっていましたので、こうしたはるなさんの状態の中にも、はるなさんの工夫や考えを読み取って、理解しようと努めてきました。

しかし、今から思えば、目の前の状況の理解そのものが間違っていたのですから、いくら受け止めるといってもそれは的外れのものにしかならなかったのです。

それでも、体重をかけて操作するスイッチができたので、結果の方をいろいろと変化させていきました。

最初、光線銃のおもちゃに組み込まれている部品を利用して作った、いろいろな電子音の出る教材が気に入ってもらえたので、そこから始めました。パソコンのプログラミングができるようになってからは、好きな画像と好きな音楽をいろいろと組み合わせて、スイッチを押すと絵が動き音楽が鳴るというソフトで関わることができるようになりました。

彼女の好きなキャラクターは、一貫してクレヨンしんちゃんで、なかなか笑わないはるなさんが、クレヨンしんちゃんの顔を見るとうふふと笑っていました。音楽の方は、日常生活の中で、彼女が明らかに好んでいることが分かる曲があるそうで、それを時折教えてもらっていました。その最初の曲は、何とベンチャーズのキャラバンという曲でした。クレヨンしんちゃんの顔が動く画面からベンチャーズの音楽が流れてくるという不思議なソフトを作ったところ、大受けで、結局、関わりは、スイッチはそのままで、ソフトの方を変えていくということで進んでいきました。

しかし、「進んで」とは書いたものの、実は、感覚や運動の使い方の変化ということを自分の専門性として自認していた私にとっては、運動の方で変化が起こらないということは、停滞を意味するものでした。

スイッチ操作の中に何らかのかたちで選択の要素を入れられれば何とかなるとは思っていたのですが、二つのスイッチを操作するということは困難で、選択の要素はなかなか入れられませんでした。唯一可能だったのは、スイッチを押すたびに画面と音楽が変わっていき、五回程度で一巡するようにしておき、その中に一カ所だけ、特に好きな画面と音楽とを入れておいて、そこまでスイッチを送っていくというものでしたが、いったんスイッチに体重をかけてしまうと、スイッチから体を離すこともそれほど自由自在ではないため、自由に選択しているかどうかは、分かりにくかったと言えます。

そういうことをしているうちに、彼女は中学生になりました。精いっぱい、ソフトは作り続けてきたので、一時間を楽しんでもらえたとは思っていましたし、うまく当たった時に見せてくれる笑顔は励みになっていましたが、本音のところを言えば、私たちの目から見れば目立った変化というものを生み出せていない関わり合いに、毎回足を運んでいただくことに、申し訳ない気持ちが次第に芽生えてきたのも事実です。

緩名さんが突然言葉を綴った二〇〇四年九月とは、そんな時期でした。はるなさんは中学二年生になっていました。

最も障害が重いとされていた緩名さんが文字を綴ることができたということは、はるなさんにもその可能性があるということを意味します。私の前提としていた考えが根本から崩れたわけですから、そのことを説明する理屈があったわけではありません。ただ、やってみるしかないということになって、さっそく一〇月八日にワープロの画面を出してみたのでした。なお、この頃、はるなさんの学習は、柚月さんと二人で並行して行っており、はるなさんを担当したのは、妻の方です。

いつも通りに音楽のソフトを充分行ったあと、ワープロの仕組みなどを分かってもらうために、二つのプッシュスイッチを使って、自分の名前とお母さん、そして友だちの名前を書いてもらい、「はるなましょうた」という言葉ができました。この日、妻は、全面的に手を取って一緒にプッシュスイッチを操作しています。はるなさんが綴っていることへのはっきりとした確証が得られたわけではありませんでしたが、たいへん興味深そうに画面に見入っている姿がビデオに残っています。

一一月一二日も同じように、妻はワープロに挑戦しました。そのとき、はるなさんが言葉を持っていることを示す出来事が起こったのです。

この日もまず二つのプッシュスイッチを用意したのですが、はるなさんはプッシュスイッチではなく、タッチパネルのディスプレイの画面に向かって手を伸ばそうとしました。そのため、タッチパネルのタッチ機能をスイッチとして使いました。画面のタッチはマウスの左クリックと同じなので、ワープロの送りスイッチに対応していました。

一緒に手を取ってまず名前を書いたあと、さらにタッチを続けていくと、時折はっきりと手を引っ込めるような仕草をするので、それを決定の意思として読み取って文字を選んでいくと、「はるなななのはな」という言葉ができあがりました。

関わっている妻は、途中、「はるななの」という文字が書かれた段階で、「私ははるななのよ」という意味で解釈をして語りかけ、次の「は」はもう一度名前を書こうとしていると解釈して語りかけたりしていましたが、はるなさんは、それとは別に「なのはな」を選択したのです。

お母さんは、他のお母さん方と談笑しておられて、文字が綴られていく場面はご覧になっていなかったので、「なのはな」と書かれた段階でお母さんに声をかけました。すると、お母さんは、その言葉にたいへん驚かれたのです。

「なのはな」というのは、「はるな」という名前に込めた意味で、小さい頃から折に触れて、はるなさんにそのことを話し掛けてこられたというのです。もちろん私たちはそのことは知りません。だから、この偶然のように綴られた文字が、まぎれもなくはるなさん自身が綴ったものであることが明らかとなったのです。

ただ、この頃、はるなさんは、音楽を聴くことも並行して求めてきました。次の一二月は、前回初めてはるなさんから言葉を引き出せたため、いきなりワープロから始めたのですが、「**うたしたいー**

ところがいいな。つよいにんげんはちか」という言葉を綴りました。そのため彼女の要望に従い、まず音楽のソフトを充分にやってからワープロを出すようにしていきました。

なお、スイッチの操作については、時折、タッチパネルの五〇音表の文字を直接指さそうとする仕草も見られたので、タッチパネルのタッチ機能は解除して、二つのプッシュスイッチを用いる方法に決めて行うようにしました。

緩名さんが突然私たちの前からいなくなってしまったのは、そんな矢先のことでした。

緩名さんのお通夜は寒い日でした。その席ではるなさんにお会いしました。お母さんのお許しを得て、はるなさんを抱きかかえて緩名さんの棺まで連れていき、一緒に最後のお別れを告げました。そして、別れ際、次に会う時に緩名さんへの思いを書いてもらうようにお願いしたのです。

三月一一日には、「はるなかんなさんのしをかなしいとおもった」という文を綴りました。短い文ではありますが、ようやく言葉を綴り始めたはるなさんの深い思いが、そこには込められているように思え、緩名さんの死をしっかりと受け止めていることが伝わってきました。

はるなさんの文が少しずつ長くなり、口吻のようなものが感じられるようになったのは、二〇〇五年六月一七日の「あいたかったかもしたせんせいがあいにきたね。ほそいがつよいさ。またあいにこないかなぁ。かもしたせんせいへ」です。終助詞や小文字を交えた「なぁ」の表記など、それまで、どちらかというと定型に近い言葉遣いが多かったのですが、次第に表現が自由さを持ってきたと言えます。

これには、もちろん私たちの側の援助の変化も非常に大きく関わっています。この頃の援助は使うスイッチは最初のものと基本的には同じでしたが、はるなさんの運動の意図の読み取りに習熟してきたので、それだけスムーズに文字を選ぶことができるようになったのです。そして、はるなさん自身もそのことに気付いてきたので、より自由な文体で語ることができると考えて、表現内容を変えてきたのでしょう。

そうした関わり合いにさらに大きな変化が起きたのは、二〇〇六年三月三一日のことです。

この日は、中心的な関わり手が、妻から私に変わった日です。それまでのスイッチ操作の援助は、送りスイッチのそばに彼女の手を誘導して押しやすくし、決定スイッチの方に移動しようとする運動が起こったら、その運動を助けて決定スイッチのそばまで手を誘導し、決定スイッチを押すのを援助するというものでした。

ところがこの日、実際に援助をしてみると、決定スイッチに移るタイミングが、実際の移動の運動が起こる前に分かったのです。それは、決定スイッチへの移動が起こる直前に、それまでの送りスイッチを押す―戻すという反復運動が止まって、スイッチが入りっぱなしになるからでした。これは、移動する運動を起こすための準備として、いったん送りスイッチを押し込むような力を入れるためだと考えられました。しかも、この準備のための力は非常に分かりやすいので、実際の決定スイッチへの移動運動をはるなさんが時間をかけてやるよりも、私が代わりに決定スイッチを押せばよいということになったのです。また、送りスイッチの押す―戻すについても、ただ手を添えて、はるなさん自身の動きが起こりやすいように支えるのではなく、添えた手を私の方が動かしてスイッチを押したり戻したりするようにしてみました。それでも、ちゃんと決定スイッチに移ろうとする準備の身構えははっきりと伝わってきたのです。私が動かしたとはいえ、はるなさんもまた、私の動きに気持ちを合わせ、半ば自分が動かしているように感じていたのだと思います。

そうなると、スイッチ操作はずいぶんと様子の違うものとなりました。

まず、私がはるなさんの手を下から包み込むように支えて送りスイッチを押したり離したりします。すると、選びたいところではるなさんが力を入れてきてスイッチが押しっぱなしになります。そこで、私が決定スイッチを押すというわけです。それまでは、はるなさんが実際に自分で運動していくのを援助していたわけですが、このときから、操作の大半は私がやってしまい、はるなさんからは合図だけをもらうというようになったのです。

また、文字の選択の際の目と耳の使い方ですが、はるなさんは、この段階まで、画面上の五〇音表の文字をじっと見つめたり、文字を指さそうとする仕草を見せたりしていたので、視覚も大きな役割を果たしていましたが、このやり方に変えてからは、音に注意を集中させるようになり、ほぼ全面的に聴覚が大きな役割を果たすこととなりました。

ところで、この偶然発見した方法は、いわゆるオートスキャン方式のワープロの仕組みに非常に類似したものになりました。

はるなさんの送ってくる合図が、オートスキャン方式の場合のスイッチの入力にあたり、オートスキャン方式ではパソコンが行っているスキャンをパソコンの代わりに私がやっているということになるわけです。しかし、決定的に異なるのは、決定の合図が実際のスイッチ操作ではなく、実際の運動を起こす前の準備という小さい力になっている点です。この小さな動きがうまく拾えれば、そのままオートスキャン方式に移れるのですが、現時点で開発されているスイッチは、どんな軽いものでも実際の運動を起こさなければなりません。運動の準備と実際の運動とはわずかな違いに見えるかもしれませんが、そこには大きな違いがあり、実際の運動を求めると、とたんにうまくいかなくなってしまうのです。

こうして、文章の長さが長くなるとともに、質的に深まった文章が書かれるようになりました。次の文章は、文章が長くなってから二度目の関わり合いにあたる二〇〇六年四月一四日のものです。

よきひよきときににゅうがくしきまたむかえることができましたよ。そろってにゅうがくできなかったおともだちがいたのがざんねんでした。のりもののじこでなくなりました。ほんとうにおしいことです。まよわずそのたましいがてんごくにいけますように。

高等部の入学式の日の出来事でした。地域の中学校から養護学校高等部へ入学してくるはずの少年が、入学の直前に電車事故で亡くなったことをめぐって書かれたものです。

亡くなった少年のお父さんは、一時期、私と一緒に青年学級のスタッフをしていた山下久仁明さんという方です。自閉症の息子さんのために、「フリースペースつくしんぼ」という障害児が放課後を過ごすための場を作り、『ぼくはうみがみたくなりました』（ぶどう社）という小説を出版していました。そして、ちょうどその小説を映画化する取り組みを始めたばかりのところで、電車事故は起きてしまったのです。そのご葬儀に私も参列していたのですが、そのことは、はるなさんは知りませんでした。はるなさんは彼女なりに、会ったことのないその少年に思いをはせ、懸命に、私に伝えようとしてくれたのだと思います。スイッチの援助をしながら、涙がとまりませんでした。

なお、映画は無事完成し、最初の上映は三年後の三月の終わりでした。息子さんの卒業式と題された会で、映画は初上映されました。

その文章の翌月の五月一二日には、見学に来られた学校の先生を前に、次のような文章を書きました。

くいちがうことがおおくてなみだいっぱいでましたよ。せんぱいのひとにからかわれておおきなかなしみをかんじました。のはらくんいてくれてたすかりました。みかさんもやさしくてわかってくれてうれしくおもいました。なかまのかなしみをわかってくれるともだちがいてかなしみもやわらぎました。よいことでした。

(「のはら君とみかさんって誰」という問いに対して)わたしのこころのなかのえんぎしゃです。わたしがつくりました。

(私が先生方にはるなさんの動きについて説明していると)からだはうごかなくてもかんがえています。

私の知らない友だちの名前が書かれたので、実在する生徒の名前だろうと思うとともに、彼女自身が書いていることの証拠になるだろうと思っていたところ、学校の先生方は、そういう名前の生徒はいないとおっしゃいます。そして、そのことを彼女に問いかけると、「こころのなかのえんぎしゃ」だというのです。その時、「のはら」という名前が誰のことかは、すぐに分かりました。小さい時から好きだということで、パソコンのソフトにも組み込んできたクレヨンしんちゃんです。ただ、キャラクターが好きだという程度にしか考えてこなかったクレヨンしんちゃんが、実は、彼女の悲しみを和らげる友だちだったのです。

それにしても、はるなさんが、想像上の友だちを作り上げているという事実は、大変な衝撃でした。そこには、彼女がどれだけ孤独な世界を生きているかということが示されているからです。すでに長い関わりを経ていながら、私たちはこうしたはるなさんの寂しさにまったく気付くことさえできていなかったということに愕然としました。

この後、こうした想像上の他者を心の中の対話の相手として作り上げている人たちに何人も会うことになります。人は一人では生きてはいけないということを如実に示す事実と言ってもよいのかもしれません。

七月一四日には、次のような音楽に関わる気持ちを書きました。

いいおんがくをいっぱいおかあさんとききたいようなきがします　もっとたくさんしらないおんがくをえらびたいです　ほんものがききたいとおもう。ともだちができてわすれてしまってもよいおんがくはかならずそこにあります。りかいすることができてもうたえないのでざんねんですがもっときたいです。

(「例えばどんな曲?」という問いに対して)るろうのたみです。

(「歌がないのは?」という問いに対して)きがくもすきです。

はるなさんにとっては、音楽もまた孤独を癒すためのものだったのでしょう。だから、友だちができたら音楽を忘れてしまうかもしれないと思ったりもしています。もちろん音楽はそういうものではないわけですが、想像上の友だちとともに、その意味がよく伝わってくるものでした。

そして、この日登場した「流浪の民」は、八月一一日の次のような不思議な文章につながっていきました。

小さな命が集まり寝ている静かな夜なのに粉雪が降り私ルボンネ苦しみ強いられて苦悩の日々。年齢を謎、早々にロノンゲル聞いて戸惑って眠れないでいた。やさしい風が吹いて聞く者たちにネへーヨユ王子接見する。森の中に流浪する民のそうやって生きている。のもよけ《魔除け?》の呪い絵の中に残っていた。雪はよすー《夜もすがら?》やまず眠りの時間だけが過ぎていった。(原文はひらがなのみ。《　》内は注)

そして、添えられたのは次のような説明です。

がいこくのものがたりがだいすきだからとわたしのためにおかあさんがきかせてくれました。

これは、まさに、はるなさんが心に描いた「流浪の民」の心象風景でしょう。使われている難しい語彙や創作したと思われる人名など、私たちの予想だにしなかった世界が彼女の心の中には広がっていたのです。その後、彼女は、何度か同じ趣向の文章を書きます。

ギーピーリソーイオロノンによろしく、私からソナタを作って捧げますすとも。早くにた予行お《を？》見たいぞと泣きながら訴えているけれど、サニンを呼びつけて夜のやすまよくほらねれば（寝れば？）たえてのよこやのけんをへてつこうし《鉄格子？》開いてしたやこともけんかして手をたたき《ここで中断》（原文はひらがなのみ。《　》内は注）

（二〇〇六年一一月一〇日）

すてきな石の言葉ねたむようとメエクルはアアメテウスやへミテを見て言った。根の雨がふってきて、もぐらのテユームはママに見てほしいの、手もろろにくみ、毎日留守番をして指焦げるお湯のにおい、ニレイレにまねているそのせいいっぱい頑張っている姿にここまでしてくださったことに感謝した。（原文はひらがなのみ。《　》内は注）

（二〇〇七年二月一六日）

小さすぎる息ばかりしてノモヨアシヌシス大きな夢ばかり見てはほのかにレレルルネに笑われていたよ。次にヤイソムが明るい顔で言い、ケムムゆるい笑い声になって、静けさとめったにはヨヘータロウ声を立てず、なすすべなく、ヒケエヤダスキケコ無意識が出るすきに、すっかりいい昔を思い出していた。（原文はひらがなのみ。《　》内は注）

（二〇〇七年三月九日）

今ひとつ意味は不明ながら、はるなさんの気持ちがこの不思議な心象風景には投影されているようで、「感謝した」「いい昔を思い出していた」などという言葉にも、それがうかがえました。その後は、私たちの世界からはずいぶん縁遠い不思議な心象風景の表現は姿を消し、もう少し分かりやすい表現になっていきました。

それは、もしかしたら、私たちの世界から遠く隔たった孤独だったはるなさんの世界が、私たちの世界との距離を狭めてきたということなのかもしれません。

ところで、時期はいったんもとに戻りますが、二〇〇六年九月一日には、次のような文章を書きました。

私たちの仲間で、途中から一緒に関わり合いを続けてきた清水（旧姓味戸）さんが、結婚してその写真をみんなにお披露目したときの文章です。

おめでとうございます。味戸先生の服装はとてもきれいでしたよ。私もいつか着てみたいわよ。でも、よい人があらわれないと無理ですので、その日がくるのを待ち続けてみたいと思います。その日はこなくてもずっと待ち続けていく。たとえ夜もすがら涙にくれてしまっても、私は希望を失いたくない。絶対にそんな日がくることを夢見ていこうと思う。（原文はひらがなのみ）

最初は「味戸先生」への賛美の言葉から始まりましたが、自分の未来に思いをはせ、現実を厳しく見つめ直すことになりました。

写真は、ある意味では残酷なものだったかもしれません。しかし、それを覆い隠すことが何かを生むわけでもありません。私たちができることは、はるなさん自身が長い時間をかけて自ら答えを導き出していく過程に寄り添うことだけではないでしょうか。

「たとえ夜もすがら涙に暮れてしまっても希望を失いたくない」という言葉は、はるなさん自身が自らを奮い立たせようとして語った決意の言葉だと思われますが、「涙」と「希望」との振幅はたいへん大きなものがあります。その振幅の大きさの中にあるはるなさんの苦悩の深さと、それでも前を見つめ続けようとする意志の強さとをしっかりと受け止める必要を感じた関わり合いでした。

二〇〇七年一月一二日に書かれたのは、次のような詩でした。

野に咲く花のようにばてない
無理をしないで生きていかなければいいこともある
遠くに舞い降りた鳥のように見える希望に向かって呼んでみよう
願いは一つ　たとえ道は遠くても夢さえなくさなかったらなあと思う
楽な道ではないけれど　へんてこな私だって戦い続けていきたい
もし悩みがあまりに多くて前が見えなくなってしまっても絶対にあきらめない
野に咲く花のような気高さでもって生きていこう
いつまでもへこたれないで（原文はひらがなのみ。改行なし）

これが詩であることは、実は、初めは分かりませんでした。それに気付いたのは「遠くに舞い降りた鳥のように見える希望」という言葉です。希望は舞い降りたけれど、それは、すぐ目の前にあるものではないという絶妙な表現に、これが詩であることを確信したのです。

また、「へんてこなわたし」「へこたれないで」という言葉は、詩の言葉としては、決して美しい言葉ではありませんが、この詩に強いリアリティを与えているように思われました。

この頃、町田市公民館の障害者青年学級のメンバーを中心に隔年で開いている「わかばとそよ風のハーモニー」というコンサートの音楽劇の台本づくりを行っていました。そこで、これを劇中の歌にしようと思い立ち、若干の字句の調整を行い、メロディーをつけて「野に咲く花のように」という歌にしました。それは、これまで、一人の閉ざされた世界の中で紡がれていた言葉の世界に広がりをもたらすきっかけとして、はるなさんの世界を広い世界に開いていく上で、大きな意味を持つことになりました。

そして、その三ヶ月後の四月、はるなさんをコンサートの練習会場に誘いました。会場には、はるなさんの通っていた学校の先輩たちがいました。はるなさんの学校は、知的障害の部門と肢体不自由の部門とが併設されているのですが、その両方の先輩たちが百名近く集まって、はるなさんの「野に咲く花のように」も含めて、障害者青年学級の中で作られた自分たちの歌を歌っているところでした。先輩たちは、歌の作者であるはるなさんを暖かく迎え入れてくれました。中には、わざわざ歩み寄って歌詞を褒めてくれる方もいました。

練習を見終わったはるなさんは、その場で次のような感想を綴りました。

結婚できることも分かりました。もっとたくさん勉強して悩みがなくなると嬉しい。目立つのは嫌いだけどほめられ《る》と嬉しい。悩みがなくなることはないかもしれないけれど、がんばっていきたいと思う。（二〇〇七年四月二二日）

（原文はひらがなのみ。《　》で文字を補う）

「結婚できる」とは、先輩たちの歌っているオリジナルの歌の中に、「けっこん」という言葉が出てきたことを受けてのことです。

もちろん、それは先輩たちにも決して容易なものではありませんが、そのことを堂々と歌にして歌っていることがはるなさんには驚きだったのだろうと思います。

さらに、五月一一日は、いつもの関わり合いの場で、次のような文章を書きました。

「野に咲く花のように」の歌をみんなが歌ってくれて、とても嬉しかったです。相撲のときによく涙を流す場面があるけど、昔から本当なのかと思ってきたけど、本当であることが分かりました。よくできた歌でしたよ。歌いたい工夫ができたら望んで望んで歌いたいと思います。（原文はひらがなのみ）

これまで、はるなさんの表現の場は、私たちとの関わり合いの場に限られていましたが、こうして彼女の詩が歌われることで、大きく開かれました。さらに、その表現の内容に対する手応えのある反響を感じることによって、はるなさんの世界は、確実に広がったのです。

実際にステージ上で歌が歌われたのは、この八日後の五月一九日のことでした。はるなさんが客席で、自分の歌が歌われるのをしっかり見守っている姿を、私はステージの上から見ることができました。

こうして、一つの詩を通して広がりを見せたはるなさんの世界でしたが、学校では一部の先生の理解にとどまる状況が続き、そのもどかしい思いを綴る日が増えていきました。

この間、泣かないで生きていかなければと書いたけれど、一人悔しい思いでいます。学校で先生が信じてくれないので早く卒業《して》別の施設でウキウキした気になりたいと考えていますよ。勉強の分かる人も何も教えてもらえないけど、本当は何で一番この勉強するのが大切な時期に作業学習ばかり。他の。クヨクヨする。楽しくないです。せっかく願いがかなえられて狙ったグループに入れたのに残念です。（原文はひらがなのみ。《　》で文字を補う）

（二〇〇七年六月一日）

高校二年生になったはるなさんの文章には、卒業後の進路のことも頻繁に話題に上るようになりました。限られた学校生活の時間、もっとたくさん学びたい、という思いが、この文章にはにじみ出ていると言えるでしょう。

そんな中、あるＰＴＡの研修会で、私とはるなさんのお母さんとが、一緒に報告をすることになりました。

そこで私は、「野に咲く花のように」の歌を紹介しようと考え、一一月一六日の関わり合いの際に、その場にいたメンバーで歌を歌って録音することにしました。

ところが、その日のはるなさんの文章は、意外な一文から始まったのです。

私の詩を、声を出し練習してみても、はるなを本当に理解してもらえるか心配です。苦心しても伝わるかどうか全く分かりません。疑われてもいいけど、分かってもらえたら嬉しい。（原文はひらがなのみ）

五月のコンサートに関わった障害者青年学級のメンバーや関係者はみんな理解してくれましたが、世間一般は必ずしもそうではないことを痛感していたはるなさんの懐疑でした。

そこで私は、その研修会の報告のために準備していた資料をはるなさんに見せることにしました。

それは、言葉がないと考えられてきた様々な年齢層の二十数名の方々が綴った文章を、いくつかのテーマに分類した資料です。私は、その資料を通して、幼い頃からずっと表現手段を見出せずにいて、私たちとの出会いを通して初めて表現手段を勝ち取った人は、他にもたくさんいるということ、そして、それぞれの表現内容がいかに深いものであるかを伝えました。

すると、はるなさんは、ようやく、再び勇気と希望を取り戻して、次のように書いたのでした。

ほっとしました。そんなにたくさんの人たちがいるとは知りませんでした。とても勇気がわいてきました。望みがわいてきました。希望が出てきました。みんな分かってないと思われていたときがあったけれど、理解してもらえて幸せになれとても良かった。（原文はひらがなのみ）

同じ思いを抱いている仲間の存在を知ることがはるなさんに勇気を与えたという事実は、仲間の存在の大切さを改めて私たちに思い知らせました。はるなさんの周りには確かにかりんくらぶの仲間がいますが、どうやって、もっともっと広い世界の中に点のように存在する仲間とつながりあっていくかということが新たな課題として突きつけられたのでした。

（二〇〇七年一一月一六日）

二〇〇八年五月九日に、文字数は、四〇六文字と飛躍的に増大しました。これは、私たちもはるなさんもスイッチ操作に熟達してきたということもありましたが、後で述べるように、ある質的な変化もあったのです。

内容面では、しばらく、心象風景や詩を綴ることから遠ざかっていたのですが、再び、次のような文章を書きました。前半は学びへの渇望を述べたものですが、終わりに不思議なイメージの文が綴られたのです。

他の人のことはよく分かりませんが、私はもっと学びたいと思っています。理想は、勉強が望みどおりにでき、いつも楽しくできて、ものすごくよく分かるようになることです。理解してもらえないので、まるで夢のようなことですが、なかなかかなわないのでよろしくお願いしますとしか言えません。（略）うちでのせる鈴に捨てた猫が、願いどおり「すいせんこむそう」を家来にして、もっと遠くまで逃れ「せいたかすみれそう」の咲く国に行きたいと思ったものの、逃げることができず悲しん

で、依然素晴らしいうちだと思って我慢することにした。（原文はひらがなのみ）

そこで、翌月の六月一三日に、こちらから、「すいせんこむそう」と「せいたかすみれそう」の意味を尋ねてみました。

「すいせんこむそう」の意味は、辛いことがあると萎れてしまう花のような虚無僧です。蹲いてしまうと起き上がることができなくなってしまうほど一人ぼっちで小さな友達です。子どもの頃から一緒でした。「すいせんこむそう」はとても背が低くてとても優しい侍です。この前、傍で友達の私を元気づけてくれました。「せいたかすみれそう」は、とてもいい匂いの花で、背が高くて、いつも祈りを空に向かって恋焦がれながら咲いています。いつも「せいたかすみれそう」は願いを持ちながら願いがかなうことを夢見ています。（原文はひらがなのみ）

「すいせんこむそう」「せいかたたかすみれそう」という形象は、かつて「のはらくん」「みかさん」と呼んだ想像上の他者と同じように、はるなさん自身が作り出したものです。

小さい時から元気づけてくれた同伴者としての「すいせんこむそう」、空に向かってひたすら祈りを捧げ続ける「せいたかすみれそう」というイメージを、なかなか動かない厳しい現実に対置することによって、はるなさんは未来へ夢をつなごうとしていたのでしょう。

美しさと悲しさがひしひしと伝わってくるイメージの世界ですが、かつての物語世界に比べてどこか明るいのは、それだけ未来への夢があるからかもしれません。

ところで、二〇〇八年の九月一二日の文章以降、句読点が消えるということが起こりました。以前にも、句読点のない文章もありましたが、一貫して消えることになったのです。この変化に先立って、文字数の面では、二〇〇八年の五月以降、非常に増大しているわけですが、句読点が消えるというところにまで来て、何らかの質的な変化が生まれたわけです。

実は、読み取りのスピードが上がったのははるなさんだけではありません。私が積極的に送りスイッチの「押す―戻す」を繰り返して小さな力を読み取るという方法は、はるなさんとの間で見つけ出した方法だというのは既に述べましたが、他の子どもが多用しているスライドスイッチにおいても有効でしたので、他の子どもとの関わり合いにおいても、少しずつ応用していきました。すると、一様にスピードが上がっていき、ある時点で句読点が消えるという現象が起こるようになったのです。なお、プッシュスイッチでは「押す―戻す」ですが、スライドスイッチでは「引く―戻す」という操作になります。

小さな力を読み取る方法によって、読み取りのスピードが上がるにつれて、力を入れていないのに何で読み取れるのか不思議だ、と子どもたちから言われるようになりました。そこで、逆にこちらから、読み取られるときはどういう状態なのかを尋ねると、みな一様に「**耳をすませていて『ここだ』と思うと読み取られる**」というような答えを返してきたのです。はるなさんも「**不思議です。気持ちがそのまま言葉になっていきます**」（二〇〇八年一二月一二日）、「**字の念じるの読み取れるというのは本当です**」（通園施設の職員研修会の際のスイッチ操作のデモンストレーションにおける発言）（二〇〇九年七月六日）と答えています。

おそらく、それまでは、確かに小さな力であれ、本人自身が運動の準備に相当する何らかの力を入れたという自覚があったのに対して、この援助の段階になると、力を入れた自覚はなくなり、あるのは、ここだと思ったという自覚だけになっているのです。

それでは、なぜ句読点は消えたのでしょうか。

ある子どもは、スピードを上げると、「言葉の速さに近付くから楽」とも答えています。おそらく、句読点をつけていた時期は、表現内容を書き言葉のように文字に置き換えていたのに対して、話し言葉のように変化することによって、句読点は消えていったのではないでしょうか。

はるなさんが、意識的に詩を書いている以上、単純に書き言葉と話し言葉という対比で考えることはできないかもしれませんが、少なくとも、句読点という問題については、そういう変化があると言ってよいと思われます。

ところで、読み取りの方法については、スピードを上げる前と後でどちらも特別に変化したわけではありません。私たちが行う「押す―戻す」という小さく軽いリズミカルな反復運動が小さな力によって遮られることを合図としていたのは、以前と同じです。確かに力はいっそう小さいものにはなりましたが、そこに遮る力が入ることは変わりありません。しかし、本人にとっては、力を入れたという自覚が消えてしまったのです。通常は、判断という心的な働きと身体運動は切り離して考えられるわけですが、判断というものがほんのわずかな身体の緊張状態に表れていると言うことができるでしょう。

また、スピードについては、すでに述べたように、スピードを上げた方が難しくなるだろうと思っていたのですが、スピードを上げたことで困難になる子どもはおらず、むしろ楽になっているように思われました。それは、おそらく、ゆっくりの場合の方が、「目的の行まであとどのくらい」などの様々な思考が入ってくるのに対して、スピードが一定以上になると、ただ、ひたすら耳に入ってくる音を聞きながら、「ここだ」と思うだけなので、心に浮かんだ言葉を一音ずつ順番に思い浮かべることのみですみ、むしろ作業は減っているからなのだと思います。

おそらく、内面に豊かな言葉を有しながらそれを表現することができないという状況は、心に浮かんだ言葉を表現行為としての身体運動に置き換えていく段階において、私たちが想像する以上の困難があって生じているのでしょう。しかし、スピードが上がると判断するだけなので、非常に楽に文章を綴ることができると考えられるのです。

方法の発展によって、より多くの言葉を語れるようになったはるなさんでしたが、あることをきっかけに、自覚的に詩を作るようになっていきました。

それは、あの星野富弘さんの作品との出会いです。二〇〇八年一一月一四日の文章は、次のようなものでした。

この間、学校に作りもののきれいな書道の良い作品が貼ってありました。書道の作品には何か書いてありましたが、丁寧すぎて分かりませんでした　うちに帰って調べてもらったら　首から下が動かない人の作品でした　とてもきれいな絵も描かれていてすごく良いものでした。はい、名前は分かりませんが素晴らしかったです。詩の内容は知らないのですが覚えたいです。教えてください。理解できたら嬉しい。今度見せて下さい。不思議な詩ですね。詩はとても良いものです。それに良い気持ちにさせてくれます。知らない世界や知らない人に会わせてくれます。素晴らしいのは特に読んでみたいです。願いはもう少し詩の勉強ができるようになることです。勉強をして本当の喜びをつかみたいと思います。本当の喜びをつくれたら嬉しい。（原文はひらがなのみ。句読点なし）

「うちに帰って調べてもらったら」というところの具体的な経緯はよく分かりませんでしたが、はるなさんが改めて詩に興味を持ったことは明らかでしたので、さっそく星野富弘の詩集を送りました。

この日のやりとりを機に、はるなさんは、翌月から毎回のように、詩を書くようになったのです。はるなさんが、詩の創作に一つの活路を見出したことは間違いありませんでした。

まず、一二月一二日と一月一六日の詩を紹介しましょう。

光と命の交錯がそよぎ飛び交う
少女は何かを待っている
知らない世界の願いがかなえられ
すべてが小さな幸いにやがて変わっていくことを
そして昨日の悩みが遠ざかっていく
望みどおりではないとしても
たくさん野辺に咲く野の花は時を知り
時にあわせて願いを空に祈っている
希望の風が優しく吹き　不思議な叫びが聞こえて

見たこともないような真っ白な花が　希望の予感を伝えてきた
（原文はひらがなのみ。スペース、改行なし）

（二〇〇八年一二月一二日）

小さな私に北風が吹く
忍耐してきた私にとって
北風は真実を伝える風です
小さい私を包みこみ
小さい私は小さく笑う
耳を澄ますと聞こえるのは
耳の聞こえない人の願いだ
小さい私は一途に
昨日の触ることのできない夢を追い求める
小さい私は願いを願った人間や
願いを忘れた人間たちに
忍耐の素晴らしさを静かに伝える
小さい私は静かに北風の声を聞きながら
ひとり忍耐を続ける（原文は「つずける」）
北風は雪とともにやってきて
雪の小さな粒で
人間と小さい私を

ひっそり白い願いに変える
小さい私は小さい頃の小さな願いを
静かにしのびながら
白い耳をつけた白い北の国の鹿に
ひとり願いを託す
ひっそりと静まりかえった雪と北風の中で
いい小さい私は
白い雪とともに希望の北風の音を聞いている
いい小さい私は
願いの満ちあふれた空気の中で
白い雪を見つめながら
にび色の空から落ちてくるひとひらの雪を見ている
りんとした空気の中で
小さい私は夢と願いに満たされて
人間の幸せを求める
小さい私は
静かに人間のひとりとして
静かに夢を見ている
ひとりの私は願いを願いながら
小さな夢を紡ぐ

（原文はひらがなのみ。改行なし）　　　　**（二〇〇九年一月一六日）**

ともに、はるなさん自身の置かれた状況を、鋭く見つめる中から生まれた詩です。忍耐の中から紡ぎ出されるぎりぎりの希望を歌い上げた詩と言ってよいでしょう。

ところで、二〇〇九年は、二年前にはるなさんの歌が歌われたコンサートが開催される年に当たっていました。

はるなさんは、コンサートが開催される五月には卒業生の立場になるので、私は彼女をコンサートの出演者として誘いました。前回、劇中の歌として歌われた「野に咲く花のように」は、今回は合唱の一曲として歌われます。練習は日曜日に数回行われるのですが、はるなさんもその練習に参加するようになりました。

今回、大きなことは、青年学級でも、二〇〇八年七月以降、それまで気持ちを表現するすべを持っていなかった、障害が重いとされた方々が、はるなさんと同様の方法で言葉を表現できるようになり、合唱のステージ上で、その方々の詩から作られた歌が歌われ、詩の朗読が行われることでした。はるなさんは、練習に参加した直後の四月一〇日に、一編の詩を記した後、次のような言葉を述べました。

びっくりしました。ひとりで悩んでいたことがばかばかしくなりました。みんな同じことを考えていることが分かりました。いい場所でした。いい仲間たちでした。みんなとずっと一緒に生きていき

たいと思います。みんなと出会えて良かったです。希望がわいてきました。勇気が出てき（原文は「く」）ました　びっくりしました。光が射してきました。未来が開けてきました（原文はひらがなのみ。句読点なし）

「ひとりで悩んでいたことがばかばかしくなりました」という言葉は、いかに仲間の存在が重要であるかを示しています。

個別的な関わり合いでも、確かにはるなさんの気持ちを受け止めることはできます。しかし、同じ立場でともに悩む仲間の存在には、とうてい及ばないということでしょう。

私たちは、多くの障害の重い子どもも、障害の重い方々から、言葉を引き出してきました。しかし、それらの言葉が当事者の間で共有されていくプロセスについては、必ずしも力を尽くすことができてはいません。しかし、本当に希望や勇気をもたらすものは、仲間との出会いなのではないかということを強く感じさせられました。

そして、はるなさんは、コンサートの直前の五月八日に、「野に咲く花のように」の紹介文として次の文章を書きます。

「野に咲く花のように」は、私が高校生のときに作った詩です。精いっぱい生きていければいいなと思って作ることにしたものです。夢を忘れずに生きることができたらいいなと思います。聴いてください。勇気が出てきました。みんなも同じ気持ちで希望を失わないようにして生きていることが分かりました。みんなも小さいときから話したかったということがよく分かりました。勇気が出てきました。理想は理解してくれる人が増えていつでもどこでも話せるようになることです。人間として認められたいです。人生を豊かに生きたいです。みんなと新しい世界を切り開きたいです。夢がかなって嬉しいです。自分に自信を持つことができました。小さいときからの夢でした。自分らしく生きていきたいです。夢でした。不思議です。人間として生まれて生きてきて普通の学校に行きたかったけど、願いがかなったような気がします。（原文はひらがなのみ。句読点なし）

学校を卒業して社会人となり、同じ立場の仲間と気持ちを通わせ合えたことが、大きな希望になったことがひしひしと伝わってきます。

そして、さらに同じ時期にもう一つの大きな出来事がありました。それは、大学の講義への参加です。二〇〇九年五月二一日のことでした。

はるなさんは、すでに紹介した太田純平君と同級生です。太田純平君は、高校生の時から大学の講義に出向くようになりましたが、卒業したはるなさんも、大学の講義に出席するようになりました。初めて参加した講義では、同い年の学生たちを前に、彼女は次のように語りました。パソコンによる通訳は私で、太田君の時と同様、パソコンで綴られていくはるなさんの言葉をスクリーンに映し出していきました。

同い年とはいえ、たいへん小柄な少女のようなはるなさんが、パソコンを通じて一字一字語り出していく姿とその文字に、学生たちの目は釘付けになっていました。

自分の意見を言いたいと思いますが、ちょっと恥ずかしいです。願いがかなって嬉しいです。気持ちが聞いてもらえて嬉しいです。人間として認めてもらえて幸せです。私のことを信じてくれない人もたくさんいますが、私も人間としていろいろ考えています。まだ私のことが、まだできていない仲間たちがたくさんいるので、人間として早く認めてもらえる世の中が早くくるといいなと思います。人間として認められる世界がくればいいなと思います。みんなは私のことを見てどんな印象を持ちましたか。理由はいろいろあるかもしれませんが、理解できている人間と見えたでしょうか。指さされたりしてきましたから慣れてはいますが、人間として見られないこともたくさんあります。ひどいときは理由もなく笑われることもあります。表現は悪いですが、ひどい人は指さすだけでなくみんなの前で侮辱する人もいます。夢でした。指さされるだけならいいのですが、指さされるだけでなく侮辱されるのはたまりません。人間として認められることが夢でしたのでびっくりしています。不思議な感じです。みんなの前で話ができるとは思えませんでした。びっくりしただけでなく、みんなと対等に語られることが夢のようです。勇気が出てきました。みんなと話したいです。

（原文はひらがなのみ。句読点なし）

そして、はるなさんの希望にそって、学生に質問を求めました。以下のはるなさんの言葉も、パソコンで書かれてスクリーン上に映し出されたものです。

学生「画面は見ていないのですか」

はるなさん「見ていませんが耳で聞いているので分かります。いい感じです、気持ちをすらすら書けて」

学生「詩はどういうときに作るのですか」

はるなさん「一人で小さいときから考えてきました。一人で未来を夢みながら考えて作ってきました。詩を作っていると気持ちが静まります」

学生「どんな歌が好きですか」

はるなさん「『小さな世界』という歌を知っていますか。小さいとき大好きでした。自分にとって希望の歌でした。自分の気持ちにむつかしいことがあると、よく口ずさんでいました。『小さな世界』はとてもよい歌詞でした。みんなもそう思いませんか」

学生「今まででいちばん楽しかったことは何ですか」

はるなさん「自分の歌をたくさんの人が歌ってくれたときです。びっくりしました。みんなが私のことを認めてくれたので」

学生「好きな言葉は何ですか」

はるなさん「小さいときから、忍耐という言葉を大切にしてきました。耐えることが多いからです。いつも耐えてばかりですから。みんなはどんな言葉が好きですか」

学生「両親のことをどう思っていますか」

はるなさん「ありがとうと言いたいです。私を育ててくれた両親に。小さいときから病気がちで迷惑ばかりかけてきましたから。非常に理想的な両親です。ぬいぐるみをたくさん買ってくれたり、小さいときから自分のために精いっぱい育ててくれました」

五年前には、言葉を話すことはおろか、ほとんど一切の表現手段を持たなかったはるなさんが、大勢の学生の前で堂々と話をしているのです。自分自身をしっかりと肯定するというたくましい自己がなければ、とてもできることではないでしょう。

表現手段を得てからの歩みがそういう自己を育てたのか、それとも、表現手段を得るまでの長い沈黙の時間が自己を培ったのか、それは、いずれでもあることでしょう。しかし、おそらく、コンサートへの参加を通した世界の広がりがそのことに深く関わっていることは間違いないでしょう。彼女はそうしたことを、「人間として認められる」という言葉で表現しました。

コンサートは大学の授業の三日後に開かれましたが、お母さんの話によると、大学の講義からコンサートの当日にかけて、これまでに目にしたことのないような笑顔を浮かべながら四日間を過ごしたと言います。

そして実際、私もその笑顔を大学とコンサートのステージで目にし、これまでに聞いたことのない喜びの声を耳にしました。それは、ほとんど発声することすら困難なはるなさんの心の底からの声でした。

その後、はるなさんは詩だけではなく、さらに曲も作ってくるようになりました。

曲については、目下のところ、はるなさんが書いた階名をもとにリズムは推測をしているので、忠実な再現ができているかどうかは分かりませんが、再現した音を聞いてもらうと、彼女はそれに納得してくれました。

次の作品は、二〇〇九年七月二四日のものです。

素晴らしい絵巻が広がった
私の煉獄のような世界に
夢のような光が射してきた
平和の鳩が羽ばたくように
ラッパの音が鳴り響き
私は楡の花を越え
妖精のように空を舞う

ミレドレファファミミレレドレ
ラドシラソシラソミレドレド
ラシドレドレドミレドミレ
ラシドレドレドミファミレド
ラシドレドレドミファドミレ
ミミドレドファミレミレドレド

（原文はひらがなのみ。スペース、改行なし）

そして、さらに、詩の創作も続いています。
次の詩は、二〇〇九年一一月六日のものです。

雪のようなろうそくに
雪のように心のきれいな人が灯をともし
よく理想のかなう光をともし
理想のような夢をかなえ
私は暗闇の中より決心する
歴史は流れ　歴史は繰り返され
私はろうそくの光を便りに
身の周りのぬいぐるみのような仲間たちを救い出して
みんなで未来に向かって
ろうそくを高く掲げて生きていこう
ろうそくの灯りはとても明るく
私たちの理想の未来が開けてくるだろう
（原文はひらがなのみ。スペース、改行なし）

「ぬいぐるみのような仲間たちを救い出して」というはるなさんの夢は、私たちの夢でもあります。

長い沈黙の末に表現手段を得てもなお、容易には切り開かれていかない状況の中で、仲間と出会い、たどり着いた境地がここには示されているように思います。

このたどり着いた場所をこの詩のように力強く歌い上げることもあれば、また、次の詩のように現状の厳しさに嘆息をつく場合もあります。

消えた光を捜し求め　私は緑の森をさまよう
美しい雲の流れる空は　いったいどこに行ってしまったの
美し《い》雲の流れる空を　私はみんなで見たい
勇気が必要だということを　私はみんなに伝えたい
美しい雲の流れる空を　私は捜し求め
美し《い》歌をうたいながら　私はいま泣きながら
光を求めてさまよっている
緑の森のその中に　私の未来の苦しみを
解き放ってくれる秘密の昔の
美しい忘れ去られた宝石のような
きらきら光る夢がある
（原文はひらがなのみ。スペース、改行なし。《　》で文字を補う）　（二〇〇九年一二月一八日）

時には力強く、時には現実に押しつぶされそうになりながら、それでも、確実にはるなさんの歩みは前に向かって続けられてきました。

はるなさんは二〇歳になりました。

もっともっと生きやすい世界を、ともにどうやって築いていくのか、課題はとてつもなく大きいですが、これまでの試行錯誤に満ちた歩みを、これからも積み重ねていく以外に道はないでしょう。


なお、この詩についてはパソコンを用いていません。

スイッチを使用せず、スイッチ操作と同様の動きをはるなさんの手を取りながら空中で行い、パソコンの音声の代わりに私が「あかさたな」と声を出していくと、スイッチの場合と同様に、はるなさんの意図をかすかな抵抗の力として読み取ることができます。こうやって一文字ずつ読み取ってノートに書き留めました。

この方法は、二〇〇八年一二月に、次に紹介する井上神恵《かくい》さんとの関わり合いの中で、とっさに思いついたものですが、パソコンをいちいち開かなくてもよいという点で、大きなメリットがあります。

日常生活の中に、自然とこうした方法が位置付けられ、当たり前の会話として成立するようになるには、まだまだ課題はたくさんありますが、こうした方法の導入を通して、そんな世界に一歩近づくことが可能となるかもしれません。

4　井上神恵《かくい》さんのこと

ここで紹介する井上神恵さんは、これまでの方々以上に、言葉での意思表示ができるまでに長い時間がかかった方です。五歳のときに出会った彼女は、二七歳で初めて言葉で気持ちを伝えることができました。つまり、二五年もの長い間、私は神恵さんには豊かな言葉の世界は存在しないと考えてきたのです。しかし、もちろん、それは彼女が何もできないとか何も分からないと考えていたわけではありません。言葉がなくても感覚と運動を駆使する中で、たくさんできることがあり、分かることがあると考えていたのです。

神恵さんは、未熟児で生まれ、重い脳性まひと未熟児網膜症という二つの障害と向き合いながら成長してきました。現在すでに三〇歳になった神恵さんに初めて会ったのは、まだ彼女が学齢を迎える前の一九八六年の二月でした。場所は、財団法人重複障害教育研究所。私がこの教育に関する根本的なことを教わった、故中島昭美先生によって作られた研究施設でした。「(中島先生の基本的な教育の立場は、同研究所から発行されている『人間行動の成りたち』に詳しく述べられている他、特に寝たきりの子どもたちとの関わり合いについては、同研究所の『研究報告書第6号』「精神についての学び方」などに述べられています。)」

神恵さんは確かに寝たきりで、視覚障害も重複しているわけですから、障害としては大変重いものを抱えていましたが、内側からあふれでるようなエネルギーを発していたので、適切な教材さえ用意できれば、自発的な運動を引き出すことはそれほど難しくはないかもしれない、と思ったことを覚えています。

神恵さんとの関わりにおいて、最初は、体を起こすことから始めることにしました。まず、かわいい絵のついた椅子に神恵さんを座らせて、前から肘を支えました。いきなりのことに神恵さんも驚いたようで、少しべそをかきそうになりましたが、体にしっかりと力を入れて、ぐっと上半身を起こそうとする様子が見られました。残念ながらまだ不安のほうが強かったのか、ご機嫌は戻らなかったので、とっさに手元にあった風船を膨らませ、吹き口から空気を吹き出させて音を立ててみると、その音の面白さに一瞬にこっと微笑んだのです。

続いて、机を前に置き、頬を下にして机の上に寄りかからせて安定した姿勢がとれるようにすると、首を持ち上げたり戻したりして、頬で平らなスイッチを押し、操作を楽しむような様子が見られました。最初の関わり合いとしては手ごたえ充分でした。

その日、お父さんとお母さんは、研究所の帰り道に、同じ椅子を探して何軒もお店を回ったそうです。絶対に座ることなどできないと思っていた娘が、いきなり椅子に座れたということには本当に驚いたとのことで、すぐに家でもやってみようと思われたそうです。この最初の出会いのエピソードは、その後、ご両親から幾度となくうかがいました。それから毎日、椅子に座らせたとのことで、神恵さんは翌月にはもう、支えられて椅子に座ることにすっかり慣れていました。

こんなふうに始まった神恵さんとの関わり合いから、私は実に多くのことを学びました。その中でもとりわけ大きな比重を占めていたのは、姿勢と運動の関係についてでした。たくさんのエピソードの中から、二つだけご紹介したいと思います。

例えば、最初の頃、本人が納得しているように見える手の運動は、物をつかんで口に持っていくという運動ぐらいで、押し込む、引くなどの動きで音が鳴るさまざまなスイッチの教材では、本人自身が納得していない感じがしていました。

かといって音に興味がないわけではなく、私たちが出した音に、じっと聞き入ったりもしていました。

音に興味はあるようなのに、音を鳴らす運動には納得していない様子が見られるのはなぜなのか。その様子に思い当たったのは、手を使う時の姿勢と耳を澄ます時の姿勢とが別々にあって、手を使う時には音に集中できないし、音に集中しようとすると手が使えないということかもしれない、と思えた時でした。そして、そうだとすると、その二つの姿勢が同じようなものになっていく必要があるのではないかという仮説が生まれてきました。実際に姿勢が柔軟になっていくにつれ、手を使う姿勢と耳を澄ます姿勢とが似通ったものになっていき、神恵さんが納得をしながらスイッチ操作をする姿に出会えるようになったのです。

また、新しい手の運動を作り上げるために、新しい姿勢を作り出すという姿に感動したこともありました。

その時は、取っ手を手前に引くと音が鳴る教材をやっていたのですが、上半身が前傾していたために大きな動きが作れず、終点にたどり着く前に、運動が止まっていました。そこで神恵さんが考えたのは、前傾している上半身をいったんまっすぐ起こし、さらに背すじを後ろにそらせて取っ手を終点まで引き寄せるという新しい姿勢を作るやり方でした。これにより手の動きは自由さを増して確実に終点まで運動を起こすことができるようになったのです。

こうして文章で表現してみてもなかなかその時の驚きや感動を伝えるのは簡単ではありませんが、こうした一つ一つのことをご両親も私たちも心から喜びながら、一歩ずつ前に向かって歩みを進めていったのです。

寝たきりと呼ばれ、視覚にも障害があり発達的にも障害が重いとされている神恵さんでしたが、行動の組み立てのプロセスの緻密さには驚かされるばかりでした。そして、そのとき私は、そこには言葉の介在しない深い思考の存在があると解釈していたのです。

ところで、もう二〇年あまり前になりますが、神恵さんが九歳のとき、國學院大學の文学科の学生で源氏物語の研究会に出入りしていた女性が、突然、私のところで障害児教育の卒論を書きたいと言ってきました。そしてその学生さんは、毎週神恵さんの家を訪問することになりました。学生さんの名前は小海さんと言います。小海さんは果敢にも、立派に工具を使いこなして教材を作り、神恵さんの家庭訪問を続けました。それによって神恵さんの教材操作は格段の飛躍を遂げたのですが、この時期にはとても面白いことがありました。

小海さんが神恵さんに関わるようになってから、一時期、神恵さんの私に対する反応が悪くなるということがありました。いろいろ理由を考えてみた末に、違いは声かけにあるのではないか、と思い当たったのです。今でも鮮やかに思い出すのですが、小海さんは神恵さんに教材を出す時、とても丁寧に語りかけていて、手を教材に導くたびに澄んだ声で「神恵さん、どっちの手を出しますか」と問いかけていました。

それを知っていた私は、神恵さんの反応が鈍くなったときに、小海さんの口調を真似て同じ言葉をかけてみました。すると、またいつものようにいい反応が返ってきたのです。

今思うと、神恵さんは言葉そのものに応じていて、そうやって丁寧に語りかけてくれることに大変喜びを感じていたに違いないのですが、その時の私は、言葉の調子に反応しているとしか考えることができず、ただひたすら小海さんの口調に似せるばかりで、裏声まで出してみたりしていました。神恵さんには、本当に申し訳ないことをしたと思います。

神恵さんのことでは、もう一つ紹介しておきたいことがあります。それは音や歌に対する神恵さんの鋭い感受性のことです。

神恵さんは、特定の音や歌が大好きで、それが聞こえると全身に力を入れて大きな喜びの声を出します。

私も、神恵さんの気に入りそうな音を探して、秋葉原の電気街をよく歩き回ったものです。神恵さんが気に入ってくれた音には、電子銃の音、ニワトリの鳴き声、人の声などがあって、様々なスイッチの教材につないで楽しく関わり合いを進めていくことができました。

音楽については、特にお気に入りの歌というのがあって、中でも『どんぐりころころ』の歌と『水戸黄門』のテーマが、幼い頃から今にいたるまで一貫して大好きで、この歌のさわりが聞こえてきただけでも、全身に力を入れて大喜びをします。

私がパソコンのプログラミングを勉強して、教材を操作すると『どんぐりころころ』の歌が流れるソフトを作ったところ、とても喜んでもらえました。

こんなふうに私たちは、本当に長い間、関わり合いを続けてきました。

そんな神恵さんに言葉の可能性を感じるようになったのは、二〇〇四年九月の八巻緩名さんの言葉の発見以降、私たちの周りで次々と言葉を表現し始めた子どもたちが現れたからですが、視覚に障害のある神恵さんの場合、仮に言葉が理解できていたとしても、文字を理解することは困難に思えました。それでも、そういう思いがよぎるようになってから、言葉かけの内容を少しずつ変えることにしました。例えば、木の玉を抜きとる教材をやる時など、玉の数を意図的に五個にして、数を唱えたりしてみました。すると、思った以上に反応がよく、もしかしたら神恵さんも、という思いは、次第に強いものになっていきました。

そして、おそるおそる、歌のタイトルの一部を入力すると童謡が流れるというワープロを、出してみることにしたのです。

ここでは『どんぐりころころ』の歌が大活躍でした。スライドスイッチの棒の取っ手を握ってもらい、一緒に「どんぐり」と選んでいくのですが、神恵さんが非常に集中しているのが分かるのです。もちろん、いろいろな歌にも挑戦しました。

神恵さんとは、スイッチの教材は長年にわたってやってきていました。しかし、単発的な運動なら意図的な運動を引き出すことができたのですが、残念ながら、文字の選択に必要な連続した動きのコントロールは困難でした。そのようなわけで、文字の選択につながる自発的な運動の手応えは、それまで明確には得られなかったのです。

しかし、ちょうどこの頃、三瓶はるなさんのところで述べたように、こちらがスイッチの操作を先導して、オン―オフを繰り返す中で、相手の意図を読み取ることができるようになり始めたところだったので、時折そうした援助を加えると、次第に神恵さんの選択の意図らしきものが伝わってくるような気がしてきました。

そこで、意を決して、気持ちを書いてもらうことにしたのです。二〇〇八年六月一四日のことでした。

そして綴られたのが次の言葉です。

いのうえかくいおとうさんおかあさんちいさいころからはな

最初に、まず名前を一緒に選びました。

その中に確かな手応えが感じられたので、そのまま「おとうさんおかあさん」と書いてもらいました。目の見えないはずの神恵さんが確実に選んでいくので、音を手がかりにしている以外にはありえないと思いましたし、文字というものだって知らないのではないかと思いつつ、確実に選ばれていくのがとても不思議で仕方ありませんでした。

そして、とうとう神恵さんの気持ちが綴られたのです。「ちいさいころからはな」というのがそれです。

残念ながら、最後の「な」のところで泣き出してしまい、内容とは裏腹に嫌がっているようにも見えました。そばで見ておられたお父さんも、「先生が一生懸命がんばっているのに、こんなに嫌がっているようじゃあ、先生無理だ…」とおっしゃいます。それ以上無理強いしているように見えることを続けることはためらわれたので、この日はここで中断せざるをえませんでした。

しかし、書かれた言葉は、おそらく、小さい頃から話がしたかったという思いを伝えようとしたものであることは容易に予想がつくものでした。なぜ泣き出してしまったのかは釈然とはしませんでしたが、ともかく、神恵さんにも言葉があることが垣間見えたのです。

次に神恵さんの言葉を聞くことができたのは、七月二八日のことでした。

実は、この月は、その日の前に一度研究所で神恵さんにお会いしたのですが、その時はとうとうパソコンを開く勇気が出なかったのです。私自身は、もはや神恵さんが言葉を持っていることには疑いを持っていませんでしたが、まだご両親を含めた周囲の人々を納得させる自信がなかったからです。

そんな時でした、お父さんから「うちに野菜を取りに来ませんか」とお誘いがあったのは。

お父さんは、毎日忙しく建築現場で働く合間に、家の近くに借りた畑での家庭菜園を楽しんでいて、ときどき野菜を分けてあげると声をかけてくれます。この日は妻にだけ声がかかったのですが、六月の書きかけの言葉が気にかかっていたので、たまたま時間があった私も、かばんにパソコンとスイッチを入れて、神恵さんの家に向かいました。野菜をいただくだけのはずだったのですが、私もいるということで招き入れられ、お父さんは、「まあ、一杯やりましょう」とお酒を出してくださいました。そして、神恵さんが横になっているすぐ脇で、さっそくグラスにお酒が注がれました。

話題はすぐに最近体調のすぐれないお母さんの健康のことになりました。お父さんは、宝くじが当たったら、家のローンを払って、楽な仕事に変わって、自分の臓器をあげるというふうにおっしゃいます。神恵さんのためには、二人そろって長生きしなければならないからということです。お父さんの家族に注ぐ愛情には、いつも深い感銘を受けてきましたが、この台詞には本当に胸を打たれました。

その後、初めての出会いのことなど、話はあちこちに飛び、私もお父さんもすっかり酔いがまわってしまいました。朝の早いお父さんは、悪いけど寝ますと言って寝室に移られました。常識的にはそこでおいとまするのが当然ですが、酔っていたこともあって、お母さんに、ちょっとパソコンを出してみたいと伝え、取り出しました。すでに私の手元も相当に危うかったのですが、神恵さんの手にスイッチを握らせると、きっとこの時を待っていたのでしょう、すぐに次のように言葉を綴りました。

母さんが元気でいつまでも長生きしてもらいたい。面倒を見てくれて感謝しています。父さんにはとてもいつも悪いと思っています。しっかり生きてみたいけれど、なかなか思うようにならないので、苦しいけど頑張ります。気持ちを言葉で表したかった。字は知っていたけど、手を使って書けるとは思わなかった。(原文はひらがなのみ。句読点なし)

彼女は、未熟児網膜症でほとんど見えていないと言われていましたし、関わり合いの中で、目の前に鮮やかな色のコップなどを提示すると、わずかに見えているような反応は得られるのですが、その他のものでは見えているようにも思われなかったので、視覚に訴える働きかけは全くと言っていいほどしてきませんでした。ですから、この言葉には大変驚かされました。そこで、改めて「見えているのですか」と尋ねたところ、返ってきた答えは次のようなものです。

見えています。字は近いところなら見えます。漢字も分かります。(原文はひらがなのみ。句読点なし)

見えているどころか、漢字だって分かるというのです。

私たちはいったい何を見ていたのでしょうか。障害が重いことをめぐる私の思い込みは、緩名さんとそれ以降の関わり合いで、すでに充分すぎるくらい覆されていましたが、見えていないという決めつけもまた、いかに危ういものであったかということを改めて思い知らされることになりました。

そして、六月の関わりのことに話が及びます。

悔しかったことがありました。あんなに気持ちを表現したのに伝わらなかったことです。理解してもらえて嬉しかったから泣いただけです。願いは信じてもらうことです。（原文はひらがなのみ。句読点なし）

嬉しい時にも人は泣く、そんな当たり前のことだったのです。

歯がゆかったことでしょう。せっかく開きそうになった扉が、また閉ざされてしまったのですから。しかも、その次に会ったときには、私はパソコンさえ開かなかった…。この日もようやくパソコンが開かれたのは、大好きなお父さんが眠ってからのことでした。

ここで、反省の気持ちを込めて、これまでの私の関わり合いについてどう思ってきたかとおそるおそる聞いてみました。

よく私のことを気にかけてくれて嬉しいです。（原文はひらがなのみ。句読点なし）

この答えに救われたことは言うまでもありません。そして、さらに、文章は続きます。

世界一のお父さんです。苦しみの日々がこれで喜びの人生に変わります。父さんに早く本当の姿、私を伝えたい。（原文はひらがなのみ。句読点なし）

「人生」という言葉は、神恵さんの大好きな「水戸黄門」の主題歌に頻繁に出てくる言葉です。彼女は、すでに述べたように、小さい頃から、この歌が流れると全身に力を入れて喜んでいました。しかし、私たちは誰一人として、神恵さんがこの歌詞の意味を理解しているとは思ってきませんでした。

実は、この「水戸黄門」の歌をめぐっては、こんなことがありました。第二章でもふれましたが、仙台に、神恵さんと同じく、未熟児網膜症のために弱視で、かつ寝たきりと呼ばれるような状態にあるという点で共通している大越桂さんという方がいます。私は、大越さんの著書『きもちのこえ』を、その年の四月に読んだばかりでした。その中に「水戸黄門」の歌について書かれており、この歌がいつも応援歌だったとあったのです。その部分を読んだとき、神恵さんと重なって、そのページから先に進めなくなってしまいました。「人生楽ありゃ苦もあるさ」という何気ない歌詞が、言葉として神恵さんにも届いているのではないか。そうすると私たちは大きな見落としをしていることになる…と。そして、その二か月後、まさにそのことが明らかになったというわけです。

また、同じとき、失礼を顧みず、いつもタオルを握って口でかんでいることについて、その理由を尋ねました。

体が動かないからいちばん使えるところを使っているだけです。（原文はひらがなのみ。句読点なし）

あまりにも明快な答えでした。

こうした行動に意味があるのではないかということは、以前からずっと考えていたのですが、一方どこかで、そういう行動は、言葉を理解している段階のものではないと決めつけていたように思います。

文章はさらに続きます。

母さん、いつもありがとう。私のことに忙しくて体を壊してしまって。願っています。母さんが長生きをすることを。願っています。お父さんがいつまでも元気で働けることを。（原文はひらがなのみ。句読点なし）

神恵さんの心からの願いでした。お母さんの体の不調を自分のせいだと考えて、誰に告げることもなく、ひっそりと胸を痛めていたのでした。

そして「最後に一言」と尋ねたところ、次の言葉が返ってきました。

手が使えて嬉しい。（原文はひらがなのみ。句読点なし）

酔いは幸い、手元を狂わせることはありませんでしたが、目の前の出来事は、本当にまるで夢のような出来事でした。

二〇年以上にわたり、目も見えず複雑な言語は理解できないと考えていた神恵さんという存在の、まったく違う姿が私たちの前にあらわになった夜でした。

この日の文章を、神恵さんの通う研究所の中島知子先生にお渡ししました。正直に告白しますと、本当に信じていただけるか不安でした。しかし、それは杞憂にすぎず、大変感激してくださり、次の九月の通所日には、たくさんの質問を用意してお待ちになって下さいました。

最初の問いは、「小さい頃から今にいたるまで、ずっと『どんぐりころころ』が大好きな理由は何ですか」でした。

好きな理由は素敵な歌詞だからです。聴くと昔を思い出します。（原文はひらがなのみ。句読点なし）

一瞬、「歌詞？」と思いました。しかし、改めて歌詞を思い浮かべると、そこにはちょっと悲しい物語が埋め込まれています。どんぐりに大変な出来事が降り掛かり、周囲の働きかけに半ば癒されるも、やはり悲しみは消えない、という物語を、彼女はどう受け止めているのでしょうか。

家に帰ってインターネットで検索をしてみると、後になって誰かが三番を考えたとありました。そこでは、りすによってどんぐりが森に帰ることができるのですが…。しかし、その三番は、きっと神恵さんには気休めの歌詞にしかすぎないのではないか…。きっと、泣いても山には帰れないどんぐりの悲しみにこそ、神恵さんの共感があったのではないか…。そんなことまで想像は広がっていきました。

次は、未熟児網膜症でほとんど見えないと言われてきた、目についての問いです。

（「左右のどちらで見ているか」という問に対して）左です。目の前なら見えます。顔はよく分かります。よく似ている人は間違えます。（原文はひらがなのみ。句読点なし）

さらに、「文字はどうやって覚えたのか」という問いに対しては、次の答えが返ってきました。

字は自分で覚えました。絵本で覚えました。気になる言葉があると繰り返し思い出していました。結構大変でしたが、がんばって覚えました。（原文はひらがなのみ。句読点なし）

学びへの渇望とでもいうべきものが、ここにはあるような気がします。おそらく、限られたチャンスをしっかりとものにして、自ら文字を覚えてきたのでしょう。しかも、繰り返し思い出しながら覚えてきたということが、私たちの知らないところであったのです。

それでも彼女は、こう綴ります。

私のことを大切にしてくれて有難うございます。よくしてくれて感謝しています。ずっと伝えたかったです。信じてくださってありがとうございます。（原文はひらがなのみ。句読点なし）

こんなにも誤解に満ちた関わり合いを続けていたにもかかわらず、こうした言葉を語ることのできる神恵さんの深い心に、私は、言葉がありませんでした。

さらに、思いの吐露は続きます。

辛いことは考えても仕方ないので、深くは考えないようにしていています。気持ちを伝えられて幸せです。(原文はひらがなのみ。句読点なし)

そして、当然の願いとして、次のように綴られます。

ぜひ家でもやりたいです。家でやれるようにお願いします。普段から言いたいことがたくさんあるので言いたいです。(原文はひらがなのみ。句読点なし)

家の話は、また、両親への思いへと続いていきます。ここのところ、体調がすぐれない母親のことを心から気遣う言葉を前回は書いていましたが、今回もその気持ちの延長線上に気持ちが語られます。

丁寧に育ててくれて感謝しています。自分では何もできないから苦労ばかりかけてしまってごめんなさい。願いは父さんと母さんがいつまでも元気に長生きをしてくれることです(原文はひらがなのみ。句読点なし)

つらい言葉を綴る時は身をよじらせ、感情を体に表しながら、文章を書き上げた時、彼女の顔には満面の笑みが浮かべられていました。

こうして、神恵さんとの関わり合いは、言葉を綴る時間として、再出発をしました。

一〇月一二日、神恵さんの文章は、一〇〇〇字を越えてしまい、突然プログラムが終了してしまいました。自作のプログラムは、九九九文字までしか想定していなかったからです。私にとっても、初めての事態でした。

ですから記録には残っていないのですが、このときは最初に、体の状態のことを尋ねてみて、気持ちを書いてもらいました。すると彼女は、スイッチの援助は難しいのかと尋ねてきました。もっといろいろな人、とりわけお父さんとお母さんと話したいからでしょう。残念ながら、小さな力を読み取っていくこの方法は、まだまだできる人が限られています。

プログラムが終了してしまったので、いったん休憩して、一つ神恵さんにお願いをしました。それは、かつて、神恵さんのことで卒論を書いた小海さん（今は結婚して小杉さんになっています。結婚式には、神恵さんもすてきなドレスで出席しました。）に手紙を書いてもらうことでした。快諾してくれた神恵さんは、さらさらと次のような文章を書きました。

幸子先生、お元気ですか。私は気持ちを言葉で言えるようになってとても嬉しいです。願って望んできたことだったので感激しています。今度お子さんを連れて遊びに来てください。

柴田先生はずっと元気です。

懐かしいです。私の家に来てくれていた頃、いろいろ勉強を教えてくれたことが。

目を使うことは難しいですが、幸子先生の顔はよく覚えています。

ずっと私のことを気にかけてくれて有難うございます。

本当に感謝しています。

電話でいつも話してくれて有難うございます。また声を聞かせてください。

それでは寒くなるのでお体にはお気をつけください。さようなら。（原文はひらがなのみ。句読点なし）

早速、これを小杉さんに送りました。

小杉さんからは、涙を流しながらこの手紙を読んだと返事が返ってきました。彼女は本当にきちんと神恵さんに語りかけていました。卒業してからもよく電話をして、受話器を耳にあてた神恵さんに直接、声をかけていたそうです。その言葉は、すべて神恵さんに届いていたのでした。

次に神恵さんにお会いしたのは、暮れも押し迫った一二月三〇日のことです。

一一月、一二月と神恵さんの体調が悪くて研究所に来られなかったので、こちらからお宅にお邪魔しました。早速お酒をいただき、話に花を咲かせました。神恵さんも、お父さんに抱えられて一緒に食事をしながら、耳を澄ましています。

神恵さんが、食事も終わり横になったところで、彼女の気持ちを聞くことにしましたが、だいぶ酔いのまわった私は、パソコンではなく手で話してみてはどうかと突然思いつきました。彼女と手をつないで軽くひっぱりながら、「あかさたな」と唱えていくのです。そうすると、パソコンの画面がありませんから、まったく耳だけになるのですが、後はパソコンの方法と同じです。

まず、名前を伝えてもらうと、パソコンの時と同じように、選択したいところでかすかな力が入って、意図が伝わってきました。「これはいける」と、どんどん気持ちを表現してもらいました。

実は、この方法は、すでに述べたように、パソコンがどうしてもうまくいかないある子どもの両手を取って、「あかさたな」と言いながら、大きくその両手を開いたり閉じたりして合図を読み取るという方法から応用したものです。当初は、その人の独自の方法というところでとどまっていたのですが、その後、パソコンがなくても気持ちを表現する方法として、いろいろな人に頻繁に用いるようになったのです。

以下は、そうして綴られた文章を妻が横で書き取ったものです。

(お母さんへひとことお願いします。)

疲れている、すみません、私のことで。いつも疲労してしまって。入院しないで元気でいてほしい。

四面楚歌の状況かもしれないけど、逃げないでがんばりましょう。

嬉しい、手だけで話ができて。願いがかなうとは思わなかった。おねだりしよって思わなかったけど、書きたかった。

小さい願いだけど、言いたいことがあります。いつまでもお母さんには元気でいてほしい。意思が言えてよかった。

(お父さんへもお願いします。)

元気でいつまでも働いてください。

(いつも口にくわえているタオルはあった方がいいですか?)

はい。指が痛くならないから。気持ちとは別に手が動いてしまう。気持ちがちょっと楽になりました。

知りたいことがあります。学校の先生、信じてくれますか？

（なかなか難しいですね。）

心配です、聞こうともしてくれない先生がいっぱいいるので。願っています。みんなの言葉を知ってぬいぐるみの環境が変わっていくことを。（原文はひらがなのみ。句読点なし）

「ぬいぐるみの環境」という言葉が重く響きました。

ここで、彼女にも、詩を作っているかどうかを尋ねてみところ、さらりと次の短い詩が書かれました。

北風をごきげんにして
宇宙の人間に希望を与え
北の方から人間のため　吹いてくる
北風は　願い求めて吹いてくる（原文はひらがなのみ。句読点なし）

彼女もまた、言葉によるコミュニケーションの閉ざされた世界の中で、言葉が紡ぎ出すファンタジーの世界を持っていました。

こうして、神恵さんの言葉を発見した記念すべき二〇〇八年は、暮れていきました。

新しい年を迎えた一月一八日の関わり合いでは、今度は彼女の方から詩のことを伝えてきました。

朝から数えていました。

いい歌を聴きたいけど、聴いて歌詞考えて、詩の意味仕事にして生きていけたらいいなと思います。

詩を作っています。小さい頃から考えていました。聞いてください。（原文はひらがなのみ。句読点なし）

少し、意味のはっきりしないところもありますが、「詩の意味」を仕事にしていきたいということらしく、詩を作っているので聞いてほしいということでした。そして、綴られたのは二編の詩です。

白い白い北風が希望の白い雪を息のように連れてくる
北の国の人間の希望を十字架のように背負いながら
希望の小さな息で
小さな夢を苦難こぼれた少女の願いのように
人間の心に真実のお願いいっぱい届けるために
小さい頃から信じてきた幸せを素直に受け止めるために
希望の北風の息を感じている

聞いてもらえて嬉しい。詩を作っていると気持ちが落ち着きます。

苦難多く
北からの小さな夢を待ち続けて
真っ白な雪を待ち続ける
人間は小さな白い願いを夢に変えようとして
人間の苦難を小さな灰色の雲に変え
小さな水色の願いに変える
希望の北風は白い息を
人間に願いを持つようにと伝える
希望の北風は白い息を吐き
人間に白い希望を与える。（原文はひらがなのみ。改行、句読点なし）

北風については、多くの人が詩にしています。彼らの多くは、世の中の人は、冷たい北風といって嫌うけれども、北風は希望を伝える風だと言います。北風が希望の風である理由は、北の国には、苦しい思いをして住む人がいるというイメージと重なり合っているようです。

この神恵さんの詩も、根底に流れるものは同じです。本当の苦しみを知っている人にしか、希望の北風の意味は分からない、と語った人もいました。

人間の感じ方は一人一人違うともいいますが、その一方で、同じような境遇にある人同士、まったく別の場所にいても共通の感じ方ができるというように、人間の心の奥底には共通の感性の源のようなものがあるのかもしれませんし、だから人間はともに共感しあえるのかもしれません。

詩の意味を仕事にしていきたいという神恵さんの思いに対して、「仕事」という意味ではさしあたって、答えるすべはありませんが、こうした表現をしていくことが神恵さんの生きていく意味の一つになっていくだろうし、そうした表現の機会をどうやって広げていくか、それが大きな課題だとも言えます。

二か月後の三月一五日は、次のような書き出しから始まりました。

書きたいことがいっぱいあって、たまっていました。小さい時に何でも言えたらいいと思っていましたが、決してあきらめないで小さい時の思い出を大切にしていて良かったです。小さい時は、なぜ私だけ話せないのか自分でも理解できないで悔しく思っていましたが、小さい時には分からなかったことが大人になって分かるようになって、介護されることの意味も考えられるようになりました。気持ちが言いたいと小さい時から思ってきましたが、気持ちが言えるようになって嬉しいです。自分の言いたいことが言えたらいいと小さい時から願ってきましたので、願いがかなって嬉しいです。（原文はひらがなのみ。句読点なし）

なぜ自分だけが話せないのかという、小さい時に抱いた、取り残されるような思いを想像すると胸が痛みますが、おそらく私は、その時すでに神恵さんに出会っていたはずです。私もまた、神恵さんを置き去りにした一人にほかなりません。今は、一二年間の学校生活も終え、成人し、介護される生活の意味を考えるようになったと言います。そこで、お母さんが、今うちに来てくれるヘルパーはどうか、お尋ねになると、感謝の気持ちと、ささやかな要望が書かれました。

ヘルパーさんにはいつもお世話になっています。とても見てくれるので助かっています。水分補給が願いです。自分では飲めないので、できれば水分補給の回数を増やしてほしい。(原文はひらがなのみ。句読点なし)

そして、そこから話の方向が次のように変わります。

小さい頃から気になっていたことがあります。気になってきたのは自分のヒステリーのことです。人から言われます。自分では素直なつもりなのですが、小さい頃から気にしていました。(原文はひらがなのみ。句読点なし)

彼女は、感情表現が激しく、喜ぶときも怒るときも、体中を反り返らせてしまいます。それをヒステリーと呼ばれたことがあるようです。そこで私は、感情が、激しい体の動きとして出てしまうのは、体の障害の一部だから仕方のないことであり、神恵さんの性格や人柄の問題ではないことを説明しました。

安心しました。いつもいい人間になりたいと思いますが、願ってもなかなか、ちゃんとした人間には、なれそうもありません。素直になれないときがあるからです。期待通りにいかないと怒ってしまいます。きちんとした人生を生きたいです。生きている意味を感じたいです。(原文はひらがなの

み。句読点なし)

なぜ神恵さんは、あえて「いい人間なりたい」と言うのでしょうか。

私たちのような存在と比べれば、そのぎりぎりの状況の中で懸命に生きている神恵さんは、もう十分すぎるほど立派な人に思われます。しかし、それはあくまで私たちと比べた結果のことであり、神恵さんは神恵さん自身の問題として、もっと高い理想を追い求めているのでしょう。

彼女の言葉を丁寧に追ってみると、介護者との関係の問題が、そこにはあるように思われます。

神恵さんの言う「いい人間」とは、どんな人でも受け入れることのできる、大きな心を持った人だと考えられますが、もしかすると、彼女がどうしても受け入れられない介護のやり方があり、そして、どうしても自分を委ねることのできない介護者がいるのではないでしょうか。

人間の尊厳や生命にも関わる介護という行為は、対等な関係の中で営まれるべきものだという観点に立てば、拒否する権利があるのは当然なのですが、神恵さんは、介護というものを、感謝の気持ちをもって受け入れるべきものと考えているのだと思います。そしてそれは、対等であるかどうかという議論とはまた別の、大切な観点だとも言えるでしょう。

それにしても、ここまで考え抜いている神恵さんの思いの深さには、改めて感服せざるをえません。

さらに文章は続きます。

気持ちいいと思えるのは希望について考えているときです。望みや希望について考えていると、気持ちが楽になります。願いは、人間として、きちんとした気持ちを汲んでもらって願いをかなえて、分相応の人生を生きていくことです。

自分の考えを言いたいと思います。聞いてください。

願いの声は睡蓮の花のように開き、願いの声は似合いの鳥のように小さな幸せをかなでる。大事なことは昨日の涙を明日の希望に変えることです。小さいときからそう思ってきました。愛されることよりも愛することが大事で、大事なことは頼みの夢を失わないことです。希望をいつまでも大切にして生きていきたいと思います。

おじいさんになっても、おばあさんになっても、ずっと座右の銘としていきたいと思います。

人間として聞いてもらいたいです。自分の気持ちを聞いてほしいです。ぬいぐるみの生き方にはお別れです。頑張って生きていきたいと思います。願いを言えて良かったです。いい気持ちです。すーっとしました。終わります。（原文はひらがなのみ。句読点なし）

その後の関わり合いでも、気持ちが言えたこととの喜び、両親への感謝とおわびの気持ち、健康への気遣い、こうしたことが、毎回、綴られていきました。

五月一〇日の文章ではとりわけ次の言葉が胸を打ちました。

母さんにはいつも愛情を注いでもらって感謝しています。日常的にいつもいっぱいお母さんにはお世話になっているから、気持ちが伝えたいと思ってきました。小さい頃から手がかかって病気になってしまって困らせてしまいましたから申し訳ありません。（略）悩みは母さんが健康になることがむつかしいことです。自分のせいで体を壊してしまい、そのことがすまなくてたまりません。（略）自分が障害がなかったら、今頃は結婚していい暮らしをさせてあげられたのに私のせいで申し訳ないです。いい暮らしがさせてあげられなくて、いい暮らしとは結婚して孫の顔を見せてあげることです。いい暮らしさせてあげたかったですが、むつかしかったから、いい暮らしはできなくても許してください。（原文はひらがなのみ。句読点なし）

また、六月と七月には、美しい言葉で気持ちが綴られました。

空に見える雲と夕焼けのように自由が欲しいです。小さい時から夢に見ていました。夢は鷲のように空を自由に飛べるようになることです。理想は鷲のように強く生きていくことです。ずっと次々と上って日の光のように喜びを、理想に掲げながら生きていきたいと思う。自分の理想に向かっていきたいです。理解されたいです。理解者が必要です。分かってほしいです。見たこともないような景色が広がってきました。理想は分かってもらえる友達を作ることです。無難な生き方をするよりも理解されたいです。（略）人間として精一杯生きたいです。（略）悩みは分かってもらえないことです。一人でも理解者が増えることが願いです。（略）勇気が出てきました。（略）小さい時から言葉を伝えたかった。夢のようです。理解こそ未来を切り開くものでしょう。未来が開けていくことを望んでいます。分かってほしいです。理想を夢見ながら生きていきたいです。むつかしいこともあるかもしれませんが、いつまでも頑張りたいと思います。忍耐と不屈の心で未来に向かっていつまでも人間として認められるために。（原文はひらがなのみ。句読点なし）

（二〇〇九年六月二八日）

悲しい小さな一人の私
不思議な小さな風に乗り
遠い世界に旅をする
みんなの知らないみんなの理想
私は叶える旅に出る
寺院の屋根を飛び越えて
楡の花から香りくる
ビイドロの模様の風を受け
みんなの理想を叶えるために
ビイドロの風を背に受けて
夕方の街を下に見て
夢を叶える旅に出る（原文はひらがなのみ。句読点なし）

（二〇〇九年七月一二日）

九月五日、私の教材作りを手伝うことを老後の楽しみとしていた父が、闘病の末、亡くなり、その通夜に神恵さんご一家は足を運んでくださいました。

父と神恵さんとは直接面識はありませんでしたが、教材を通して神恵さんも父とのつながりを感じてくださっていたのかもしれません。臨済宗のお寺の住職のたいへん心のこもった読経とお話のあとで、神恵さんの手を取って会話をしてみると、お経の一部と思われる単語の意味を聞かれました。私にはお経の意味が分からず答えることはできませんでしたが、いかに神恵さんがお経の言葉に耳を澄ましていたのか分かりました。きっと普段から、こんなふうに注意深く耳を澄ましていて、いろいろな言葉を吸収しているのでしょう。

その通夜からちょうど一週間後の九月一三日、研究所で神恵さんにお会いしました。彼女は、父の死を通じて人間の人生というものについて、真剣に考えてきたようでした。

生き方に従った方だったのですね。先生のお父さんは人生を一生懸命生きたということですね。きっと幸せだったのですね。聞くことが出来て良かったです。気持ちを言えて嬉しかったです。きっと昔から多くの人が人生をそうやって過ごして生きてきたのですね。望みは私もそんなふうに生きていきたいと思います。「さんきょう」という言葉を聞いたことがありますが、人間は分相応に生きて唯一の理想が極楽浄土に行くことだと聞いたことがあります。（原文はひらがなのみ。句読点なし）

「さんきょう」とは三界のことでしょうか。通夜の日に誰よりも読経に耳を傾けていた神恵さんのことですから、どこかでそんな話を聞いたのを覚えていたのでしょう。

いい理想の世界を見てみたいです。人間のいい理想の生き方がしたいです。人間の希望はランプの光を灯したいと思います。小さい願いだけど、小さくても理想を掲げて望みを大事に生きていきたいと思います。夢をかなえたいと思います。分かってほしいです。私の気持ちを。夢でした、私の気持ちを言うことが。だから嬉しいです。小さい時は、私は分かっていると思われなかったので、とても寂しかったです。なかなか厳しい日々でした。やっと、分かっていることが、先生のおかげで分かってもらえたので、気持ちが楽になりました。短い人生かもしれないけど、精いっぱい生きていきたいです。

(「短い人生とは、あなたの人生ですか、それとも一般的に人間の人生という意味ですか」という問いに対して)

人間の人生です。(原文はひらがなのみ。句読点なし)

彼女の言っていることは実に的を射ていましたが、「短い人生」という言葉がちょっと気になりました。そこで、こんな話をしました。

神恵さんのご両親は、まだ、神恵さんの年齢には親にはなっておられませんから、ご両親にとっては、今の彼女の年齢のあとに、彼女が生まれてこれまで育った時間が来ることになります。神恵さんにとってもご両親にとってもこれまでの人生は、けっこういろいろなことがあったでしょう。だから、その長さを思えば、人生ってけっこう長いとも言えるのではないでしょうかと。

分かりました。いろいろなことがあるのを楽しみにしたいです。まだまだ私は若いですから勇気がわいてきました(略)匂いのいい花が咲いたようです。きれいな花が咲いたようです。小さい頃からの夢でした。理解してくれてありがとうと言いたかったです。良い私のことを表しています。小さい時からの夢でしたからとても感激しています。

幼い日からずっと関わりを続けてきた神恵さんとの関わり合いは、こうして、まったく予期せぬ方向へと発展をとげていき、まさしく人生を語り合うところにまで到りました。

それは、嬉しい誤算ではありましたが、神恵さんの言葉の世界に気付けずに過ごした長い時間は、返す返す、本当に申し訳ない限りです。

第四章　援助の実際

最後に、私たちの方法を実際に使えるようにするためにはどうすればいいのかということを、できるだけ具体的に述べてみたいと思います。

さしあたって具体的な支援とは縁遠い方にも、この方法の意味を理解していただく一助となれば幸いです。

1 使用したソフトとスイッチ

まず、ソフトの説明から始めましょう。

障害者用に開発されたソフトには様々なものがありますが、基本的には1スイッチのオートスキャン方式を想定したものが多いので、2スイッチに対応したものであることと、音声ガイドがついていることを確認する必要があります。

音声ガイドが必要な理由は、すでに述べてきたように、画面を見続けることが困難な人が多く、スピードを上げていくと、ほとんどの人が音声ガイドに頼ることになるからです。ちょうど手頃なものがなかったので、シンプルで見やすい、音声ガイドのついたプログラムを自作することにしました。

プログラミングにあたっては東京都の特別支援学校の教諭外山世志之先生にたくさん援助していただきました。このソフトは、私のホームページからダウンロードできますのでご利用ください。

なお、以下の説明は、私の自作したソフトに即して進めることにします。

ワープロの仕組みは、いたってシンプルです。

マウスの左クリックかTUBキーを押すと行や文字が送られていき、マウスの右クリックかENTERキーを押すと行や文字が決定されます。

たとえば「ぬ」という文字を選ぶ場合は、まず、マウスの左クリックかTUBキーを押してな行まで進め、そこでマウスの右クリックかENTERキーを押します。これでな行が選択されたので、同様にマウスの左クリックかTUBキーを押して「なにぬ」と送っていき、そこでマウスの右クリックかENTERキーを押すと「ぬ」が選ばれるわけです。

一行目に、一文字消す機能、長音、濁音、半濁音、促音、拗音の機能があります。また行の選択を誤った時には、オ段の下に先頭の行に戻る機能をつけてあります。

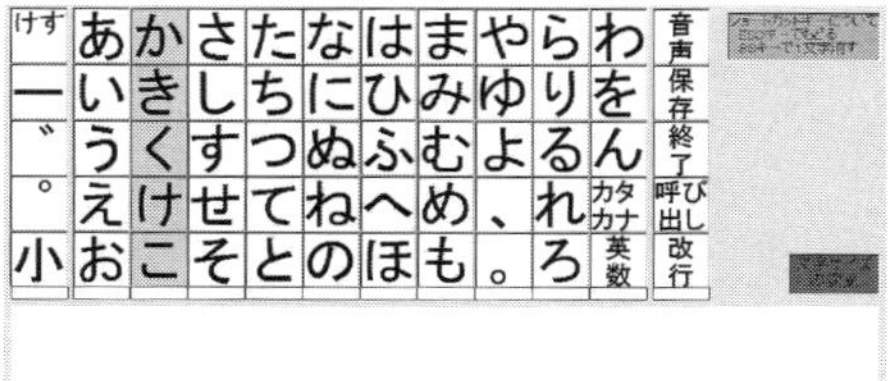

図1　2スイッチワープロの画面

もちろん、使用する方はマウス操作やキー操作が困難なわけですから、実際には、パソコンに接続した外部の入力装置に、マウスの左右のクリックや、TUBキー、ENTERキーの働きを持たせることになります。

次に入力装置の説明に移ります。すでに述べてきたように、スイッチとして私が使用してきたものには二種類あります。一つはプッシュ式スイッチでもう一つはスライド式スイッチです。

プッシュ式スイッチは、押すことと離すことで「オン—オフ」の切り替わるスイッチですが、様々な市販のものがあり、広く普及しているのは、「ビッグスイッチ」と呼ばれるスイッチや「ジェリービーンスイッチ」と呼ばれるものでしょう。

自作スイッチとしては、図2のようなものをこれまでに作ってきました。

スライド式スイッチは、市販されているものはありません。私が自作してきたのは図3のようなスイッチです。

ところで、スイッチをパソコンにつなぐためには、接続装置が必要になります。スイッチインターフェイスと呼ばれる市販のものもありますが、手作りの場合は、マウスかゲームコントローラを改造するという方法があります。初心者には難しいかもしれませんが、電子工作の知識が多少でもあればそれほど難しいものではありません。

マウスやゲームコントローラを改造してプッシュ式スイッチやスライド式スイッチに接続できるようにすると、それらのスイッチで入力した時に、マウスの左右のクリックやゲームコントローラのボタンを押したことになります。これで、パソコンを操作するわけです。

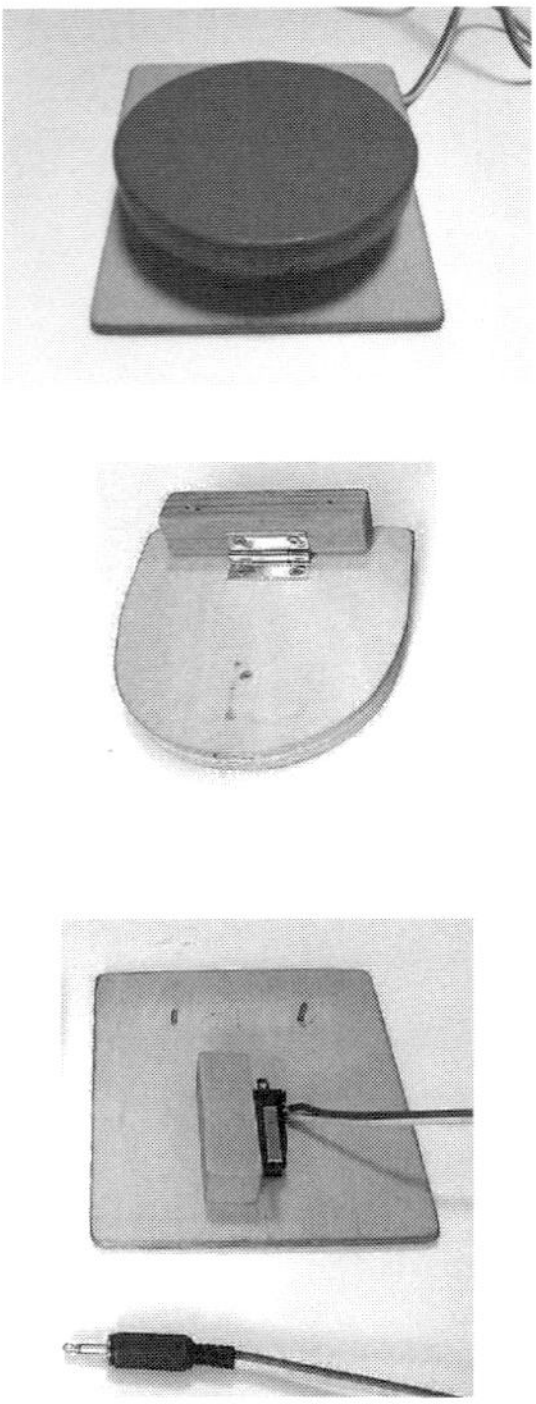

図2　プッシュ式スイッチ（外観と内部の構造）

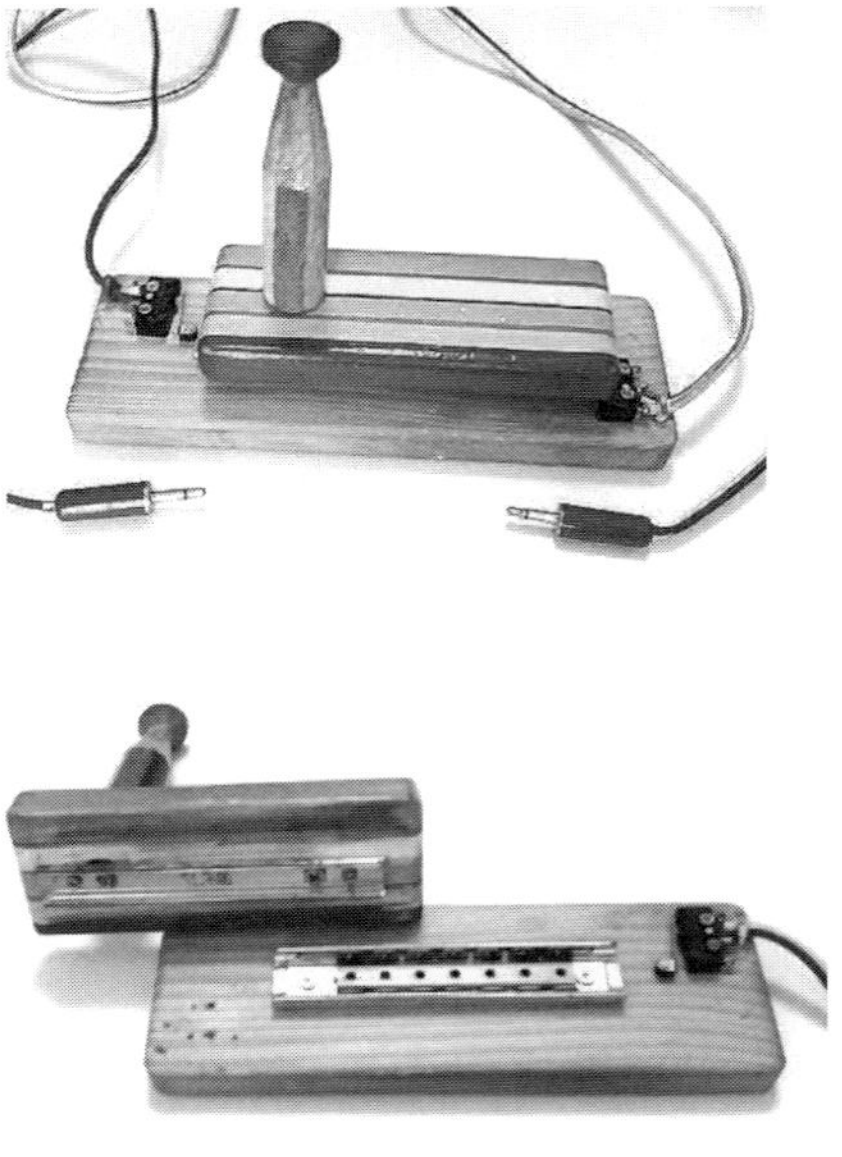

図3　スライド式スイッチ（外観と内部の構造）

マウスの改造は以下のようにして行います。

まずマウスの底板と上のケースを取り外します。ねじで固定されていますが、シールなどの下にねじが隠されていることがよくあります。

マウスの底板を外すと、基盤が現われます。これは固定されていないことが多いので、そのまま取り外します。マウスのクリックは、黒いマイクロスイッチを押す仕組みになっていることが分かります。（図4）

基盤をひっくり返すと、黒いマイクロスイッチの足が基盤にはんだ付けされており、この足にコードをはんだ付けすることによって、スイッチを外に引き出せるようになります。このスイッチの三本の足のうち、一本はスイッチの固定のためにはんだ付けされていますが、回路とは離れているのでこれを無視し、残りの二つの足にコードをはんだ付けします。

次につないだコードの端に、外部スイッチと接続するためのジャック（図5）をはんだ付けして取り付けます。このとき、ジャックには三か所はんだ付けが可能な穴があいていますが、ここではいちばん外側を無視します。

はんだ付けが終わった状態が図6の写真です。

このジャックをマウスの内側の隙間の大きいところを探して上側のケースに穴を開け固定します。

図5　接続用のジャック

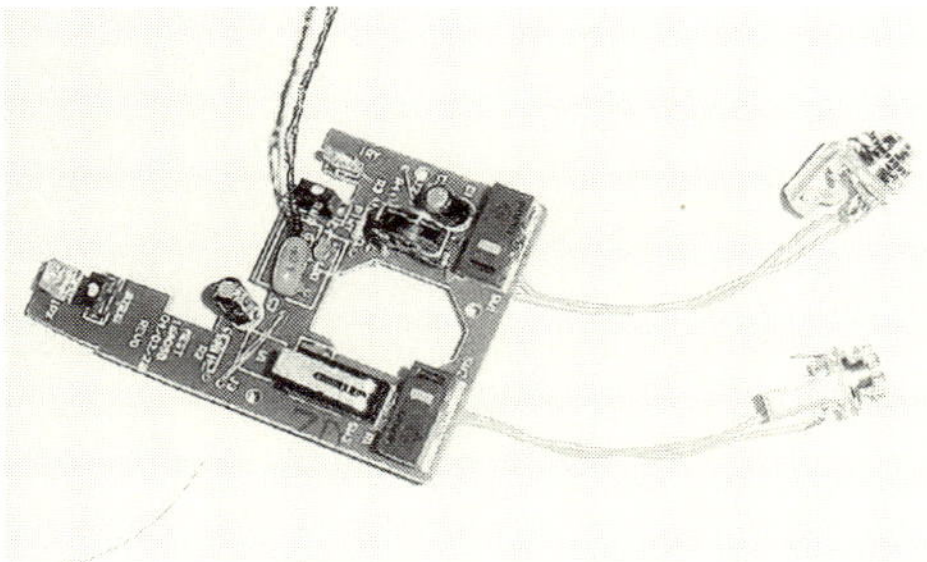

図6　基盤とコードのはんだづけ

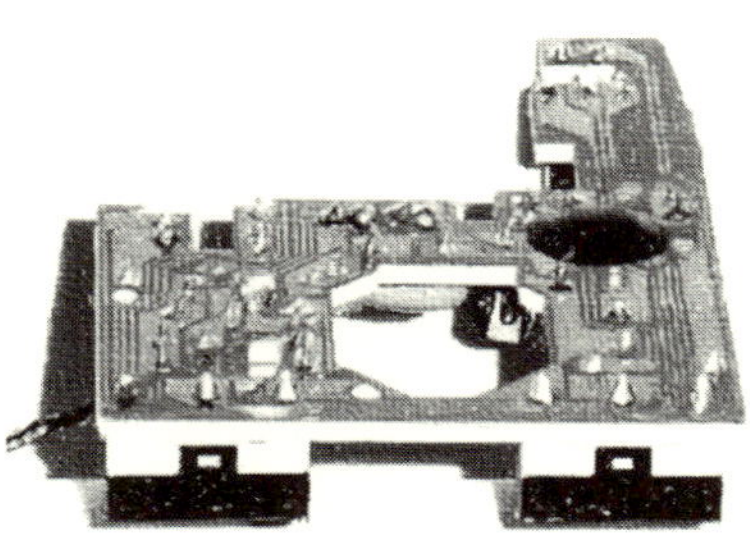

図4　マウスの基盤

（図7）

この一連の作業はマウスの狭いスペースをうまく利用して行わなければならないので、他の部品を圧迫したりしないように注意する必要があります。

これを避けるためにコードを外に出してしまう方法や、基盤だけを別のケースに取り付ける方法もあります。

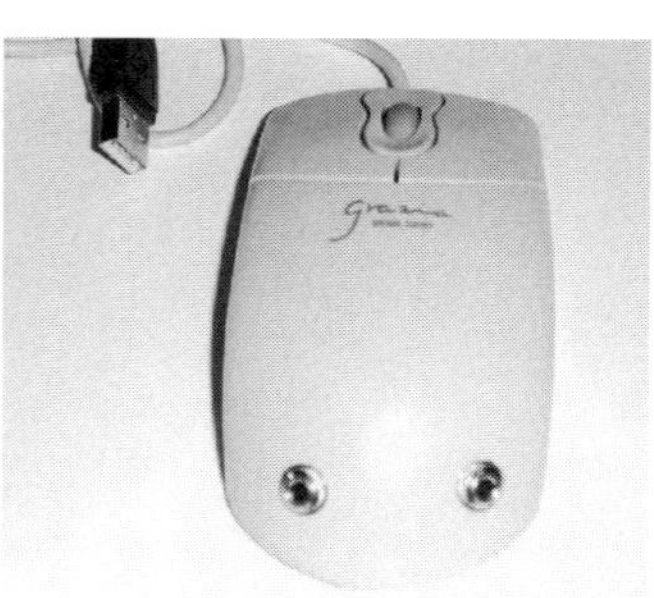
図7　ジャックの固定

次にゲームコントローラーを改造する方法です。

ここで使用するのはパソコン用のUSB接続式ゲームコントローラーです。まず底のねじを外してふたを開け、基盤を取り外します。ゲームコントローラーの番号のついた複数のボタンのうち二つのボタンを利用することになりますが、どのボタンのところがはんだ付けしやすいかで選びます。写真のゲームコントローラーの基盤では、側面のスイッチのところがはんだ付けが容易でした。コードをはんだ付けする要領は、マウスの場合と同様です。ゲームコントローラーの場合は、基盤だけを取り外して別のケースに入れ、そこにジャックを取り付けます。図8のようになります。

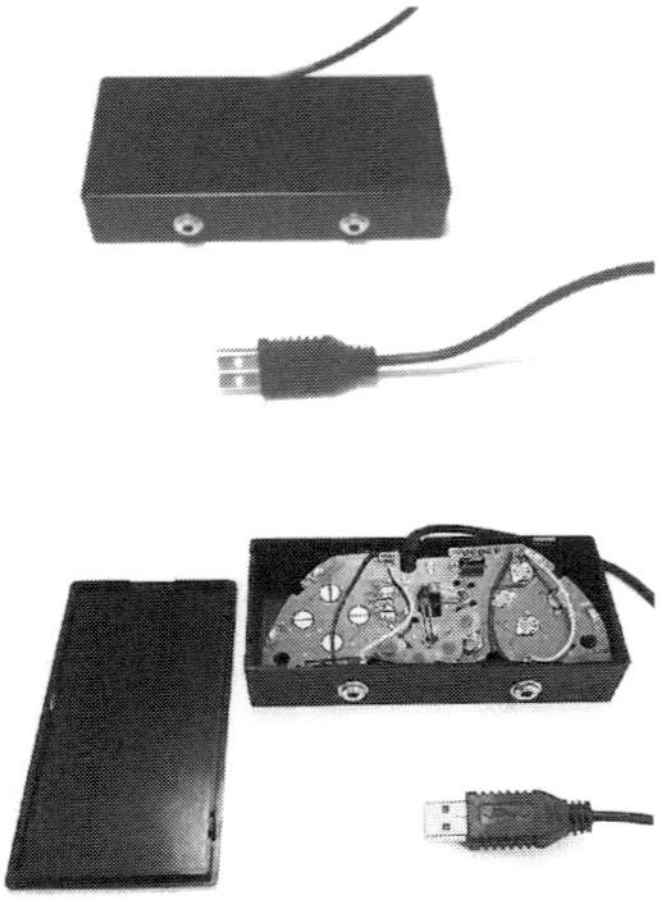
図8　改造したゲームコントローラ（外観と内部）

また、改造したゲームコントローラーでワープロ操作をするためには、「JOYTOKEY」というソフトが必要になります。これはフリーソフトなのでインターネット上で入手できます。このソフトは、もともとジョイスティックやゲームコントローラーのボタンをパソコンのキーボードの任意のキーとして働かせるためのもので、このソフトを使ってゲームコントローラーのボタンをTUBキーとENTERキーに割り当てます。

まず、ゲームコントローラーをUSBポートに接続し、JOYTOKEYのソフトを起動します。そうすると、ゲームコントローラーのどのボタンをどのキーに割り当てるかを設定する画面が出てきますので、ここではんだ付けした二つのボタンにTUBキーとENTERキーを割り当てます。この設定は保存できますので、一度作成しておけば、後でいちいち設定する必要はありません。

これでスイッチを使って文字入力ができるようになりました。

準備は、以上です。

2 スイッチ援助の実際

① いくつかの方法

さて、準備が整ったところで、援助の方法とその練習の仕方についてお伝えしましょう。

すでに述べてきたように、障害の重い方は、スイッチを押すという動作を一人で行うのが困難なため、援助が必要となります。なお、ここでは、分かりやすくするために、一つの確立した方法のように話を進めていきますが、大切なのは、相手に尋ねていくことです。援助者の数だけ援助の方法はあってていいわけです。

うまく習得できた方は、私のやり方に忠実であるよりも、相手を信じて相手にしっかりと向かい合うことによって合図を読み取ることができるようになっています。

すでに述べてきたように、最初の頃の私のスイッチの援助の方法は、実際に相手が起こしたスイッチ操作の運動に対する援助で、スイッチ操作がうまくいくように、手を支えたり、スイッチの位置を動かしたりするといったものでした。

やがて、援助の経験が増えていく中で、プッシュスイッチやスライドスイッチの送りの運動から決定のための運動に移ろうとするときに、その準備として入るわずかな力を読み取ることができるようになりました。

つまり、実際の動きの段階における援助ではなく、小さな力がこもる段階での援助ができるようになったのです。

最初の頃の援助、すなわち実際に起こした運動に対する援助は、相手の方の障害の状態によって実に様々なものでした。例えば、太田純平君や井上神恵さんなどのように、不随意運動を伴うため方向は定まりにくいけれども、比較的力の入った大きな運動が起こる場合、八巻緩名さんのように、ほとんど体を動かすことができない中でわずかに小さな動きが起こる場合、三瓶はるなさんのように、特に体にマヒはなくても運動全体に力が入らないためなかなか思い通りに手が使えない場合など、それぞれに援助は異なったものになりますし、使用するスイッチもプッシュ式かスライド式か、その状況に応じて使い分けることになります。

一方、最近の方法は、基本的に運動を最小限にしてもらって一緒に手を動かしていくものなので、障害の状況の多様さにはかかわらず、援助の方法はある程度一様なものになります。使用するスイッチについても、基本的にはプッシュ式でほとんどの人への援助が可能です。ただ、スライド式スイッチは、その棒の取っ手を握ったり、取っ手に手を掛けたりすることができる場合には、本人が自発的な運動を起こしやすい場合があるので、本人の自発的な運動も拾いたいときなど、スライドスイッチの方がよい場合があります。

また、最初の頃の援助方法だと、いったん運動を起こすと止まらない場合、例えば、繰り返しスイッチをたたいてしまい、意図的に止められないというような方に対しては、文字選択の援助が困難でした。それが、手を取って一緒にスイッチを押したり離したりする方法が見つかったことによって、初めて文字の選択が可能になった場合などもありますので、最近の方法であれば、より多様な障害の方に適用が可能だと思われます。

ここからは、プッシュスイッチの援助の方法と、パソコンを使わずに手を振る方法と、あわせて説明をしていきたいと思います。

② 援助者の手の動き

まず、相手の手の動きを感じ取る方法について説明しておきたいと思います。

プッシュスイッチの場合スイッチを押すたびに、五十音表のア行、カ行、サ行…という順序で選択されていきますが、相手の手を取って、それぞれの行ごとに、できるだけ小さい力で「押す―戻す」という動きをゆっくり繰り返します。目的の行が来たら相手が小さな力を入れてきますので、戻す動きにかすかな抵抗感が生まれます。それを感じたらそのままスイッチを上げずに押しっぱなしになるように援助し、反対のプッシュスイッチを一緒に押す、あるいはこちらが押してあげてその行を決定します。なお、相手の力を感じ取ることができれば別に押しっぱなしになる状態にこだわる必要はありません。目的はあくまで相手の合図を感じ取ることですから。

手の取り方は、スイッチとそれを押す手の間に援助者が手を差し入れて、手のひら全体を下から包み込んで、私たちの手の甲でスイッチを押すというやり方があります。あるいは、手の甲や手首を上から軽くつかんで、相手の手が直接スイッチに触れるというやり方でもかまいませんが、お互いの手の構えに無理な力が入らないことが重要です。

またスイッチを動かさず、机などに置いた状態で、無理なく手の方を誘導することができればその方が楽ですが、手が前に出にくい場合は、私たちがスイッチを持って、相手の手の方に近づけます。

この時こもる力は、一人一人違っています。

かなりはっきりと、分かりやすい力を入れてくれる場合もあれば、ほんのかすかな力の場合もあります。ただ、分かりやすい力を入れようと、本人が頑張れば頑張るほど、力が早く入りすぎるなどタイミングのずれも起こりやすくなるので、できるだけ小さい力を読み取る方がタイミングは正確になります。

手を振る方法も以上とほぼ同じです。相手の手を取って、できるだけ小さな力でパソコンの代わりに「あかさたなはまやらわ」と言いながら手を振っていくわけです。

まず、相手の手を、援助者が手のひらで包むように下から支え、「あー」と言いながら少し下に下ろします。できるだけ相手の手の重さを感じ取りながらその手の重さのままに下に降りていくような気持ちでやるのがこつです。そして、下ろしたところでゆっくりと手を上に持ち上げて戻し、今度は

「かー」と言いながら手を下げていき再び持ち上げます。これをなめらかに一定のリズムで繰り返していくわけです。

③ 読み取りのポイント

以上、プッシュスイッチと手を振る方法の大まかな動きについて述べました。

実際にやってみると、思った以上にこもる力は小さく、援助者はその力をなかなか感じ取りにくいものです。そこで、手を動かす上でのいくつかのポイントを、さらに説明しましょう。

まず、「押す―戻す」の動き、すなわち手を上げ下げするときには、下げた手を上に上げていくところの折り返し点で、はっきりと分かるような静止をしないことが大事です。言い換えれば、はっきりと静止することなく、下降の動きから上昇の動きへと、連続的になめらかに移り変わるようにするわけです。折れ線グラフのようにではなく、サインカーブのようにと言えば分かっていただけるでしょうか。

スイッチの場合は、実際には押し込まれた状態で静止してしまうのですが、スイッチが押された瞬間に手の動きを止めてしまうのではなく、そこから押す力をゆるめていきなめらかに戻す動きに移るようにします。

次に、力を抜くための呼吸の仕方についても述べておきたいと思います。

まず、下ろす時に息を吐いていき（手を振る方法の場合は声を出しながら）、上げる時には軽く吸いながらやるというように呼吸を整えて、できるだけ自分の体を柔らかく緩めることが大切です。もちろんこれは体に無駄な力を入れないためにやるものですから、必ずそういう呼吸法をする必要があるということではありません。

ただ、この援助の方法では、私たちの体を、言わば一つのセンサーにするわけですから、より敏感なセンサーになるためには、無駄な力を抜いた方がいいのです。しかも、手だけではなく、全身の力を抜いた方がいいわけです。

また、この援助の方法は、一見、手と手の力のやりとりのように見えますが、実際は、運動の準備のための力で、相手の体全体にこもる力ですから、手の力というよりは、姿勢を保持するための体全体の力と言えます。

そして、また、援助の方も、手だけで感じ取るというよりも、体全体で感じ取るという方に近く、手を振る動作は、手だけが動くのではなく、大げさに言えば、手の上下に合わせて上半身も揺らすというように全身の動きを同調させながらやるような感じにした方が分かりやすいでしょう。もちろん、周囲の人にはっきりと見えるような大きな全身の動きというわけではありません。

これは、ちょうど、相手と息の合ったダンスを踊っているようなもので、相手が合図を送っていない時には、一体になって踊っているような状態になっていて、合図として相手の体にわずかな力が入ると、その一体感が崩れて、ある違和感が生まれるというようなものと言ってもよいでしょうか。

④ ソフトの仕組みの伝え方

次に、相手にソフトの仕組みを伝えるにはどうすればよいでしょうか。

大前提としてひらがなを知っているということがありますが、すでに述べてきたように、私の経験では、みんな何らかのかたちで文字の存在を知っており、どの行にどの文字が含まれるかについての理解も、それほど大きな困難は伴いませんでした。様々な議論もあるでしょうが、ここではそのことを前提に説明を進めていきましょう。

ワープロの仕組みを伝えるには、いくつかの言葉を一緒に書いてみるのがいちばん分かりやすい方法です。

まだ、相手の力を読み取ることができていない段階でも、一緒に手を取って援助しながら選んでみてください。五〇音表自体は普遍的なものですが、濁点や半濁点、促音、拗音などの選び方はソフトに特有のものですから、そういう特殊な文字が含まれる単語を選んで、それらのことも伝えます。

このソフトでは、五〇音表の配列が、右端にあ行があるのではなく、左端にあ行があります。この配列に違和感を覚える方も多いのですが、これは、既製のソフトにならった配列で、書かれていく文章が横書きで左から右へと流れていく方向性を持っているので、表の流れもそれに合わせた方が自然だからだと思われます。五〇音表からいきなり一文字を目で探す場合には、左からの配列か右からの配列かは大きく影響すると思われますが、このソフトの場合、一行ずつ順次に送られていくので、そのことは特に大きな問題とはなりません。

本人が自発的に実際の運動を起こすことを大切にしていた時期には、文字は五〇音表の中から探すという側面が強かったのですが、現在の方法では、次々と読み上げられていく行や文字にひたすら耳を澄ませて、自分の発したい言葉の音の行や音が来るのを待つという感じなので、私たちが文字を探すイメージとはだいぶ異なっており、思ったよりは負担が少なくなっているということも付け加えておきましょう。

⑤ 実際の文字選択

さて、それでは、実際に文字を選んでいくわけですが、最初は知っている言葉から始めましょう。相手の気持ちを聞き取るのはずっと先で、まずは、言葉を決めてから練習するわけです。最初は、例えば本人や家族の名前などがいいでしょう。これは先ほど述べたように、ワープロソフトの仕組みを伝えることの延長線上で行うことができます。

慣れないうちは、相手が送ってくる小さな力をなかなか感じ取りにくく、ここでうまく感じ取れずに先に進むことができなくなりがちですが、すでに選ぶべき言葉をお互いに決めている場合には、該当する行のところで、手を持ち上げる援助を最小限にして、持ち上がるか持ち上がらないかくらいの援助にとどめると、相手が力を入れたことによって生ずる抵抗感はより感じやすくなります。

もし、うまく感じ取れない場合は、あえて感じ取れたように動きを止めて文字を綴ってみるのも一つの方法です。そういう繰り返しの中で少しずつ読み取れていくようになるかもしれません。感じ取れないまま何度も一文字を繰り返していると、お互いに息が詰まるような状況になって、合図もうまく送ることができなくなります。そうすると、もはや合図がないわけですから、読み取ろうにも読み取ることができません。

相手もまた、最初は合図を送る練習をしているとも言えます。ですから、合図が感じられなくても、いったん合図を受け止めたことにして、パソコン上に言葉を綴っていく方が、先に進んでいくことができます。

そうする中で、一回でも合図を感じ取れたら、それを少しずつ増やしていけばよいと思います。まずは、ともかくパソコン上に文字が綴られていく体験をお互いが重ねていくことも大事です。

もうひとつ、知っておいてほしいことは、相手は援助者に対して、大変気を遣っているということです。

援助者がお母さんだったりする場合には、自分の気持ちを読み取ろうと懸命にやってくれているのに、うまくいかずに困っているお母さんの姿や、場合によっては謝ったりするお母さんの姿は、援助してもらう本人にとってはつらいものです。優しい気持ちがあればあるほど、「もうそこまでしなくていい」という気持ちになって、合図を送ることができなくなってしまうのです。実際に、お母さんの援助だとうまくいかない多くの人が、そういう思いを私に伝えてきました。

決まった言葉を選ぶときは、最初は名前などから始めればいいのですが、その次にとなると、とっさにはなかなか思い浮かばないことも多いので、花の名前とか駅の名前とか、決めてやるのも一つかもしれません。

楽しくゆっくりと気長に取り組めるような言葉で、少しずつ挑戦していただければと思います。

⑥　言葉の選択肢からの選択

決めた単語の練習の次は、いよいよ相手の気持ちを表現する練習です。

しかし、いきなり気持ちを語ってもらってそれを聞き取るというのは難しいので、まずは「はい」

と「いいえ」で答えられる質問か、あるいは選択肢の中から答えられる質問をしてみるとよいでしょう。

なお、決めた単語の読み取りが上手くいくまでこの段階に移ってはいけないということではありません。決めた単語の読み取りが、仮に上手くいかなくても、気持ちを表現する場合の方が、伝えたいという思いに支えられているので、読み取りやすいということも起こりうるので、自由に試してみてください。

「はい」と「いいえ」を答えるときには、「はい」か「いいえ」とそのまま文字で綴るのですが、次のようにするとより分かりやすくなります。

すなわち、最初の「あ行」は、比較的合図を読み取りにくいので、まず、「は行」まで送っていって、そこで合図の力が入るかどうかに集中します。ここで何らかの合図がくれば「はい」の意思表示なので、そのまま「は」「い」と選んでいきます。また、「は行」で合図がなければ、そのまま「は行」を通過して、「あ行」に戻り、そこで合図の力が入るかどうかに集中します。そこで力が入れば「いいえ」の意思表示なので、そのまま「い」「い」「え」と選んでいきます。集中する行をまずは「は行」、そこで合図がなければ次は「あ行」というふうに絞っていくので、その分だけ分かりやすくなるわけです。

ここで、なぜ先頭の「あ行」は読み取りにくいかについて説明しておきましょう。

例えば「はい」を読み取るとき、一行目の「消す」の列から「な行」までの六行は合図がなくて、七行目で合図があるわけですが、合図のない状態がしばらく続いた時に合図が起こると、その対比がはっきりするわけです。ですから、最初の行に戻る時や行内の先頭の文字に戻る時には、最後の行や行内の最後の文字から連続的にスムーズに続けていくことが重要になります。いったんそこで区切ってしまうと、対比が分かりにくくなるからです。

また、いささか細かいことですが、合図がない状態というのは、全く何もない状態ではなく、実際に私たちは手を振っているわけですから、相手の手の重さやある程度こもった力などがあるため、合図がないといっても無の状態ではありません。合図がないという状態と合図のある状態は、「ない」と「ある」の対比ではなく、合図がない一つの状態と合図があるというもう一つの状態の対比なのです、だから、合図のない状態がいくらか続いて合図が起こると、対比がはっきりするわけです。

また、選択肢の中から選ぶ場合は、例えば食べ物を選ぶ場合、「アイス」か「プリン」のどちらが食べたいかという質問をして答えてもらうとすると、「あ行」と「は行」だけに特に注意を集中させればいいので、分かりやすくなります。なお、選択の場合、ゲーム的にどちらかを答えてもらうのならこれでよいのですが、本当に意思を尋ねる場合は、「どちらでもない」を入れておかなければ答えられないということもありますので、注意が必要です。

⑦ 言葉を聞き取る

さて、こうして「はい─いいえ」や選択肢からの選択ができるようになれば、いよいよ任意の言葉を聞き取る段階になります。このとき、どのようなことに気を付ければよいでしょうか。

まず、予測することも重要です。

最初の一文字目の予測は、当然できませんが、二文字目以降になると、携帯電話の予測変換のように、私たちの頭の中には、いくつかの言葉が予測として浮かんでくるはずです。予測をすると私たちの気持ちが入ってしまうような気がして、予測はしないほうがよいと思う方もいるかもしれません。しかし予測をすれば、予測された次の文字の行のところに特に注意を集中させることができ、すべての行や文字に同じような注意を集中させるよりも、ずっと楽になります。

予測が外れた場合には、合図がありませんから、その予測を捨てればいいだけです。そしておもしろいことに、予測が外れることによって、かえって本人が語っていることが確信されるので、積極的に予測してみて、外れる瞬間に出会うほど、相手が本当に綴っていると実感されるのです。

日常的な会話の場合、結構予測が当たってしまうので、相手の意思をきちんと読み取れているのか、不安になってしまう場合がありますが、これはおそらく、言葉にはもともと、みんなが共有している文章の自然な流れというものがあり、それに対する感受性が私たちにはあるからだと思います。相手に寄り添えば寄り添うほど、助詞一つの使い方で、次にどのような言葉や言い回しが来ると自然な文章になるかが分かるため、いっそう予測は当たりやすくなります。そして、そういう時こそ、予測が外れることが大事な意味を持ってくるのです。

次に、読み取った文字に自信がなくて、しかも前後の文脈から考えておかしいと思われた場合は、「ごめんね、ちょっと今の文字の読み取りは自信がなかったので一度消させてね」と断った上で、積極的に消すことも大切です。違った文字が一文字あるだけで、選んでいる側は、やりにくくなってしまうからです。もしそれが正しかったのなら、次にまた必ず選んできますし、二度目の方が、こちらもその文字により注意深くなれます。

ただし、前後の文脈からだけ判断して、間違っているかもしれないと思うのは、あまりいいことではありません。相手の語彙は、こちらが思っているよりもずっと豊富ですし、話題も、私たちの予想を超えた深いものだからです。自分の読み取りが間違っている感じがしなければ、まったく予測不可能でも、信じて援助し続けることが大切です。そういう場面に出会えると、自分の読み取りが本当に正しかったことと、相手に、こちらの予想を超えた深い思いがあったことが分かり、私たちに大きな手応えを与えてくれるのです。

また、読み取りを間違えた時にどうなるかですが、本人が消す操作に慣れていれば自分で消してきますが、消す操作自体が、先頭の行で先頭の文字を選ばなければならないこともあって、私たちも読み取りにくい位置になるので、必ずしもうまく消すことができない場合があります。その場合は、たいてい合図が送られてこなくなって、急に読み取りができにくくなります。そういう場合は、ついあせってしまうのですが、うまく言葉がつなげられなくなって本人が困っているわけなので、読み取りの間違いの可能性を考えた方がいいでしょう。逆に言えば、スムーズに読み取りができているということは、その読み取りが合っているということにもなるわけです。

⑧ 試すことをしない

最後になりますが、気を付けなければならないことがあります。それは、安易に試すようなことをしないということです。

この方法は、決して相手をテストするためのものではありません。しかし、往々にして、この方法に何らかの疑いを持っている人は、いろいろなテストをしようとします。そうした場合、残念ながら、簡単な質問にさえ答えられないこともあるのです。

例えば、兄弟の名前を聞かれて答えられなかった人がいました。私たちが兄弟の名前を間違って答えたら、答えを間違えたと受け取られるのが普通ですが、彼らが間違った場合、残酷なことに、その間違いをもって、方法がおかしいという議論に持っていかれてしまいます。

名前が思い出せないというような現象は、私たちにもよく起こることです。おそらく、普通の日常会話を処理するプロセスと名前を思い出すプロセスが別のものだから起こる現象だと思うのですが、彼らの多くが名前を間違えることとは、それと関係があるのかもしれません。

また、実際のコミュニケーションの機会を奪われている人は、もしかしたら私たちほどに名前を覚える必要がないのかもしれません。あるいは、実際に声に出して呼びかけていなければ、それだけ想起しにくいものなのかもしれません。また、みんなそれぞれに軽くない障害を持っているわけですから、それがこういう場面で影響を与えているのかもしれません。

答える側も、そういう質問が、本当にその質問の答えを聞きたいわけではなく、自分のコミュニケーションの真偽が試されているのだということを分かっています。だから、必要以上に緊張をしてしまうということもあります。失敗したら奈落の底に突き落とされる、という思いで、質問に向かわされるという状態になっているのではないでしょうか。

そして、そのプレッシャーは、援助する側も感じるものです。

明らかに疑いをかけている人が、いささか冷たい口調で質問をしてきたとき、援助する側も極度の緊張を強いられてしまいます。この一つの誤りが、どういう結果をもたらすか、よく分かっているからです。

そういう意味で、相手を試すような質問からは、何も得られないと思います。

経験的には、自然な会話を続けていけば、必ずいつか援助者の知らない話が出てくるものです。

以上、この方法をできるだけ具体的に分かりやすく説明してみました。説明の都合上、一つの完成された手法であるかのように記述してきましたが、まだまだ未完成であり、いろいろな可能性があるはずです。

行や文字を選ぼうとする合図さえ読み取れればよいので、こうした方法にこだわらずに相手を信じて声をかけてみるだけで通じることもあるかもしれません。

そして、たとえ合図を読みとることができなかったとしても、「あなたには言葉があることを私は信じている」というメッセージはしっかり伝わるはずです。それだけで新しい関係が生まれるかもしれません。

私は、よく、「この方法は誰が考えたの」と聞き返されることがあります。そういう時は、即座に、こう答えています。「これまで出会ってきた多くの障害の重い方々と一緒に考え、改良してきた」と。ですから、ぜひ、目の前の方とともにコミュニケーションの通路を切り開いていただければと思います。

引用文献

大越桂『きもちのこえ』毎日新聞社、二〇〇八年
大野剛資『きじの奏で』日本文学館、二〇一一年
笹本健他『子どもと知り合うためのガイドブック―言葉を超えてかかわるために―』国立特別支援教育総合研究所、二〇一〇年
東田直樹『自閉症の僕が跳びはねる理由』エスコアール、二〇〇七年
中島昭美『人間行動の成りたち』財団法人重複障害教育研究所、一九七七年
中島昭美「精神についての学び方」（『研究報告書第６号』財団法人重複障害教育研究所、一頁～六頁）
筆談援助の会『言えない気持ちを伝えたい』エスコアール、二〇〇八年
山下久仁明『ぼくはうみがみたくなりました』ぶどう社、二〇〇二年

あとがき

この本をお読みになってどのような感想をお持ちになりましたか。彼らの深く豊かな思いは、届いたでしょうか。そして、今はまだ秘められたままになっている彼らの豊かな可能性について、ご理解いただけたでしょうか。

この本を準備しているさなかに東日本大震災が起こりました。そして、大震災以降、私の出会う障害の重い方々は、皆申し合わせたようにこの大きな災害について語りました。今回は、その言葉を反映させることはできませんでしたが、彼らは、自分たちが経験した理不尽な障害と大震災とを重ね合わせ、独自の視点でこの災害を捉えていました。そして、人間はわずかな希望でもあれば生きてゆけるということ、被災地の人々が立ち上がる姿に、そしてそれを応援する日本中の人々の姿に勇気づけられたということを語りました。

岩切葵さんという二〇歳の女性が、大震災をテーマに次のような美しい詩を作っています。

春の東北路

春が今年はとても悲しい
わずかな希望に満たされた春を　今、私はひとり
こうしてただ涙と小さな小さな望みだけを抱いて
さいはての国に届くように　静かな祈りを捧げる
遠い遠いさいはての国には　悲しみを癒す希望の呼び声が住んでいる
人間は何も知らないけれど　自らをとても慈しむことができるだろう

東北路は今年はどんな春を迎えたのだろう
みんな悲しみに言葉をなくしていることだろう
みんな家族や友達をなくし　茫然と春を迎えていることだろう
なぜ津波はあんなにも残酷な仕打ちを人間にしたのだろう
東北路に誰も知らないよい知らせがさいはての国から届けられた
それは桜の花びらに書かれた秘密の言葉だ
決して希望は捨てないようにという呪文
それを受け取った東北の人はわかったはずだ
そして人々は立ち上がった

（二〇一一年五月二一日）

まだ、こうした言葉をまっすぐに世の中に届けられる時代は到来していません。しかし、このような深い思いを社会が共有して、言葉がないとされてきた障害の重い人たちを社会の一員として受け入れる日がやってくることを、心の底から願わずにはいられません。

本書をまとめるにあたっては、大変多くの方のお世話になりました。最初にお礼を言わなければならないのは、たくさん考え違いをしている私と、根気強く共同作業を続けてくれた障害の重い方々です。心より感謝申し上げます。

また、私のこの試みは、三〇年前に第一歩を踏み出した、障害の重い子どもたちの自発的な行動を生み出すための実践研究からまっすぐにつながっているものです。その歩みは、財団法人重複障害教育研究所を設立し、生涯を通じて重複障害教育に取り組まれた故中島昭美先生に学んだことを抜きには、とうてい語ることはできません。残念ながらこうした成果を先生にお見せすることはできませんでしたが、奥様である中島知子先生には、今もなお、大きな支えをいただいております。改めてご夫妻に感謝申し上げます。

そして、まだまだ広く世間には認められていない中で、様々な困難と立ち向かいながら障害の重い方々の言葉を聞き取る取り組みをされている先輩方や仲間たちにも心より感謝申し上げたいと思います。

本書の出版にあたっては、國學院大學人間開発学部の矢吹省司先生に出版社を紹介していただき、いろいろ応援していただきました。また、長年にわたって、渋谷キャンパスの教育学研究室で「差別とアイデンティティ」という講座を一緒に担当させていただいた楠原彰先生には、いろいろな励ましを与え続けていただきました。本当にありがとうございました。

まだまだ、記しきれないお世話になった方々が大勢いらっしゃいます。末尾になりましたが、心より、感謝申し上げます。

〈新版への追記〉

出版から六年が過ぎ、遅々とした歩みながらも、当事者の声なき声に耳を傾ける人々や、コミュニケーションの援助を試みる人々も増えつつあります。こうした真摯な取り組みを続けていらっしゃるみなさんや、それを理解してくださる方に、改めて心より感謝申し上げます。

柴田保之（しばた　やすゆき）

1958年大分県生まれ。

1987年東京大学大学院教育学研究科単位取得退学。

同年より國學院大學に勤務し、現在人間開発学部初等教育学科教授。

専門は、重度・重複障害児の教育に関する実践的研究。自作教材を介して障害の重い子どもの自発的な行動を導き出す関わり合いを続ける中で内的な言語の存在に気づかされた。2016年に介助つきコミュニケーション研究会を発足させ、障害児・者との関わり合いの根本的な見直しを続けている。

ホームページのURL　http://www2.kokugakuin.ac.jp/~yshibata/

新版 みんな言葉を持っていた
—障害の重い人たちの心の世界—
ISBN978-4-86053-133-1　C3037

2012年３月８日　初版第１刷発行
2018年12月14日　改訂版第１刷発行

著　者　　柴田保之
発行者　　佐藤民人

発行所　**オクムラ書店**
〒106-0047
東京都港区南麻布5-3-12
電話03-3263-9994
http://okumurabooks.com/

製版・印刷　㈱シナノ